Rosen

Rosen

Anke Kuhbier

Ellert & Richter Verlag

Inhalt

Die Rose in ihrer kulturellen und gartengeschichtlichen Bedeutung

Es sind Rosen, die uns begleiten, seit Menschengedenken. Keiner anderen Blume ist eine derart beständige Zuneigung entgegengebracht worden und keiner anderen Blume galt und gilt diese Kulturen überspannende Liebe. Sowohl in China als auch in Persien, Nordafrika, Griechenland und im Römischen Reich wurde sie auf unterschiedlichste Art und Weise verehrt. Selbst in der Bibel findet sich der schöne Satz: „… von Ihm, der da die Wildnisse fröhlich macht und die Wüste blühen lässt wie die Rose."

Durch die Verfeinerung wissenschaftlicher Nachweise, der Genforschung und feinster Mikrotechnologie ist man der Geschichte der Rose immer präziser auf der Spur. Ein versteinerter Abdruck eines Rosenblattes in den Rocky Mountains soll über 30 Millionen Jahre alt sein, aber schon die einige Tausend Jahre v. Chr. dokumentierten Rosenberichte aus Mesopotamien und Ägypten erwecken Ehrfurcht und Staunen über die lange, mit den Menschen verbundene Geschichte dieser wunderschönen Blume.

Links oben erkennt man auf dieser Wandmalerei eine Rose. Sie stammt aus dem minoischen Palast in Knossos auf der Insel Kreta aus dem Jahre 1450 v. Chr. und gilt als die erste bekannte Abbildung einer Rose überhaupt.

König Sargon aus der mesopotamischen Stadt Ur soll sich um 2400 v. Chr. Rosen von seinen Feldzügen mitgebracht haben, und zirka 1000 Jahre später ließ die ägyptische Königin Hatschepsut aus Punt, einer anderen Stadt des Zweistromlandes, Rosen für ihren Palast kommen.

Aus dieser Zeit stammt auch die Abbildung auf einer Wandmalerei, die auf der griechischen Insel Kreta gefunden wurde. Der Name der Insel Rhodos bedeutet „Rose" und die Dichterin Sappho lässt Jupiter die Rose als Königin der Blumen wählen.

In Ägypten hatte sich ohne Zweifel über die Jahrhunderte ein richtiger Kult um die Pflanze ausgebildet, der dann in Rom unglaubliche Ausmaße

Diese Miniatur zeigt den mohammedanischen Herrscher Babur, der in Indien im Jahre 1526 n. Chr. ein Reich der Großmoguln gründete. Er schuf dort mehrere Gärten, die er in seinen Memoiren beschrieben hat. Dabei hat er insbesondere Rosen bevorzugt gepflanzt.

annahm. Kleopatra empfing Mark Anton in einem Zimmer, dessen Boden mit Rosen bestreut und dessen Kissen mit Rosenblättern ausgestopft waren. In Rom selbst ließ man die Blüten auf die Gäste opulenter Feste niederregnen und der Dichter Horaz (65–8 v. Chr.) klagte, dass sich die fruchtbaren Äcker Italiens in Rosenfelder verwandelten, weil die Bauern den schnellen Reichtum durch den Verkauf dieser Blumen suchten. Es gab sogar schon mit warmem Wasser geheizte Gewächshäuser, um auch im Winter blühende Rosen anbieten zu können.

Aber nicht nur rosige Verschwendungssucht bestimmte diese Zeit. Es wurden durch gezielte Auslese bereits zwölf verschiedene Rosenarten herangezogen und Plinius der Ältere wie auch sein Sohn, Plinius der Jüngere, haben Texte über Rosen und Rosengärten hinterlassen.

Im Vorderen Orient war die Beliebtheit dieser Blumen ebenfalls ungebrochen. Um 800 n. Chr. florierte der Handel mit Rosenwasser und in Bagdad gab es prächtige Gärten, die unter anderem mit Rosen bepflanzt waren. In einer Überlieferung wird die Zusammenstellung von hellroten Rosen mit dunkelroten Anemonen hervorgehoben – auch heute noch eine attraktive Kombination.

Im sogenannten „dunklen“ Mittelalter blieb von dem römischen Rosenkult nicht viel übrig, nur in den über ganz Europa verbreiteten Benediktinerklöstern hütete man Rosensträucher. Auch Karl der Große (um 748–814 n. Chr.) empfahl in seinem „Capitulare de Villis“, einer Verwaltungsanordnung für seine Krongüter, den Anbau dieser Pflanzen – wohl eher zu medizinischen Zwecken, aber ihre Schönheit und ihr Duft haben schon damals Freude bereitet. Sogar die Kreuzritter schenkten, trotz ihres martialischen Auftrags,

Das Gemälde „Der Frühling“ von Sandro Botticelli, entstanden zur Hochblüte der italienischen Renaissance im Jahre 1478, zeigt ganz detailliert eine Fülle von Blumen sowohl auf dem Kleid der Göttin Flora als auch im Gras, auf dem sie wandelt. Aber es sind Rosen, die die Blumengöttin großzügig aus ihrer gerafften Schleppe verstreut.

den Rosen auf ihren Reisen zwischen dem 12. und 14. Jahrhundert so viel Aufmerksamkeit, dass sie einige davon mit nach Hause brachten.

Mit dem Beginn der Renaissance um 1400 kehrte das weltliche Vergnügen langsam zurück und Wissenschaft und Kultur erlebten eine wahre Blütezeit, in der auch die Gartenkunst wiederbelebt wurde. Bereits Ende des 13. Jahrhunderts hatte der Naturforscher, Philosoph und Theologe Albertus Magnus seine Idee des idealen Gartens geschildert, welche sein Schüler Petrus de Crescentiis in Europa bekannt machte: eine Rasenfläche mit Obstbäumen bepflanzt, eingefasst von einer schützenden Rosenhecke.

Der bedeutende Dominikanermönch Albertus Magnus lehrte seine Zeitgenossen schon Ende des 13. Jahrhunderts die Kunst der Gartengestaltung: Eine schöne Rasenfläche, auf der Obstbäume für Genuss und lichten Schatten sorgen, sollte von einer blühenden und zugleich schützenden Rosenhecke umgeben sein.

Auch der italienische Dichter Petrarca besaß und beschrieb mehrere Gärten, die in diesem Stil gestaltet waren. Die dichten Hecken aus verschiedenen Rosen wurden zu einem wichtigen Merkmal der Renaissancegärten, und mit der Verbreitung der unterschiedlichen Rosenarten gewannen ganze Pflanzensammlungen an Bedeutung. Der Kaufmann Georg Fugger zum Beispiel pflegte in seinem Garten in Augsburg Ende des 15. Jahrhunderts 700 Rosenstöcke.

Etwa zur selben Zeit blieb in England die blutige Fehde zwischen den Häusern York und Lancaster als Rosenkrieg in Erinnerung, denn die Sinnbilder der verfeindeten Familien waren eine weiße beziehungsweise eine rote Rose.

In Holland entwickelte sich dagegen ein florierender Rosenanbau, und Konstantinopel wurde zu einem bedeutenden Hafen des Rosenexports in alle Welt. Im Jahr 1593 sollen hier fast 40 Tonnen Rosenbüsche geordert und verschifft worden sein.

Sinnbilder eines blutigen Krieges, der 80 Jahre lang tobte und mehr als die Hälfte des englischen Adels ausrottete, waren zwei Rosen. Die rote Rose des Hauses Lancaster war eine *Rosa gallica* var. *officinalis* (oben), dem Hause York wird eine nicht näher spezifizierte *Rosa* x *alba* (unten) zugeordnet. Beide Familien kämpften von zirka 1399 bis 1485 um Englands Thron. Diese, in die Geschichte als „Rosenkrieg" eingegangene Fehde fand erst durch die Heirat des Heinrich von Richmond aus dem Hause Lancaster-Tudor mit Elizabeth von York ein Ende.

In der Zeit des Barock (1600–1750) änderte sich die Gartenliebhaberei ganz grundsätzlich. Man hegte und pflegte nicht mehr die einzelne Pflanze, sondern gestaltete den freien Raum um das Herrenhaus beziehungsweise Schloss herum wie einen Teppich, auf dem das Gebäude so richtig zur Geltung kommen sollte. Dazu wurden in Buchsbaum gefasste ornamentale Muster mit bunten Steinen oder auch mit niedrigen einjährigen Blumen gefüllt. Da hatten Rosen keinen Platz. Sie überlebten jedoch in den Bauern-, Kloster- und Bürgergärten, die unbeeinflusst von der Mode ihren Zweck des Nützlichen und Schönen erfüllten.
Welche Rosen waren es aber, die schon vor über 3000 Jahren auf Tempelwänden abgebildet wurden und von denen die Chronisten berichteten? Ihre Entwicklungsgeschichte ist spannend und es ist ein langer Weg von der an den Hängen des Kaukasus wild wachsenden *Rosa gallica* bis zur Englischen Rose 'Constance Spry' unserer Tage.

Die elegante große Strauchrose *Rosa gallica* 'Versicolor', die hier von Pierre-Joseph Redouté meisterhaft dargestellt ist, scheint den Frieden zwischen den verfeindeten Familien zu symbolisieren.

Es ist auch eine Gallicarose, aber sie blüht weder weiß noch rot, sondern ganz fein gestreift in beiden Farben.

Ihre botanische Entwicklung und die Klassifizierung der Arten

Ihren Ursprung hat die Rose wohl in Zentralasien gehabt, von wo sie sich in den gemäßigten Klimazonen der ganzen nördlichen Halbkugel verbreitete. Auf der Südhalbkugel und in den Tropen kam sie nicht vor. Und so, wie sich die Menschen im Lauf ihrer Entwicklungs- und Kulturgeschichte verändert haben, so wurde aus den Ur-Rosen, den *Gallica*, *Moschata*, *Canina* und *Pimpinellifolia*, eine riesige Artenvielfalt, die aus Mutationen, natürlicher Selektion, Zufallskreuzungen und dem Werk engagierter Züchter entstanden ist.

Die historische, botanische Entwicklung der Rose ist vielfältig und oftmals ranken sich allerlei Geschichten um den Ursprungsort oder ihre jeweilige erste Erwähnung.

Die Bestimmung der Herkunft und die Einteilung der Rosen in Klassen bleibt bis Mitte des 18. Jahrhunderts in Europa unübersichtlich. Namen änderten sich je nach Erkenntnisstand, denn die Möglichkeiten einer exakten Zuordnung waren lange sehr begrenzt.

Aber man weiß heute, dass schon in vorchristlicher Zeit die Moschusrose, *Rosa moschata*, in Indien kultiviert worden ist, denn ihr Duft war – und ist – außergewöhnlich. Auch die sogenannte Heilige Rose von Abessinien, *Rosa richardii* mit ihren hellrosa Blüten und schwarzen Hagebutten, kann auf eine ähnlich lange Geschichte zurückblicken. In ihrer Bedeutung für die Entwicklung der Rosen reichen sie jedoch nicht an die *Rosa gallica* heran, die als die süß duftende Urmutter der europäischen Gartenrosen bezeichnet wird.

Die zierliche, unspektakuläre *Rosa moschata* zeichnet sich durch einen sehr starken Moschusgeruch aus. Von manchen geliebt, von anderen verachtet. Sie stammt, wie so viele ihrer Artgeschwister, aus Kleinasien und ist als Mutter sehr vieler duftender Strauchrosen aus der modernen Züchtung nicht mehr wegzudenken. Aber auch in ihrer ursprünglichen Form schmückt sie als locker wachsender Strauch mit rötlichen Trieben, wenigen Stacheln und naiv anmutenden einfachen Blüten eine naturnahe Hecke.

Gallicarosen

Wie vor 3000 Jahren wächst sie noch immer wild in Kleinasien, aber auch in Süd- und Mitteleuropa an sonnigen, eher trockenen Standorten. Ihr Wuchs ist relativ niedrig, sie hat wenige Stacheln an den dünnen Trieben, drei- bis fünffiedrige raue Blätter und ihr Farbspektrum reicht von kräftig Rosa bis Dunkelviolett.
Gallicaanteile findet man in fast allen späteren Erscheinungsformen der Rose, sogar in der aus Asien stammenden *Rosa chinensis*, die im 18. Jahrhundert die europäische Rosenzucht revolutioniert hat.

Die Gallica- oder Essigrose, Urmutter unserer Gartenrosen, wird nicht höher als 120 Zentimeter und hat einen herbsüßen Duft. Sie ist äußerst robust, frosthart und treibt munter Ausläufer, wenn man sie lässt.

Schöne Beispiele: 'Belle Isis', 'Cardinal de Richelieu', 'Charles de Mills', 'Georges Vibert', 'Jenny Duval', *Rosa gallica* var. *officinalis*, *Rosa gallica* 'Versicolor', 'Tuscany', 'Tuscany Superb'.

Persönliches: Die Farbe der dicht gefüllten Blüten der 'Cardinal de Richelieu' ist einmalig, wie alter, kostbarer Purpursamt.

Damaszenerrosen

Nicht ganz so alt, aber ähnlich bedeutend in der Rosengeschichte sind die Damaszenerrosen. Sie entstanden aus einer Kreuzung zwischen einer *Rosa gallica* mit einer *Rosa moschata* und *Rosa fedtschenkoana*. Die beiden letzteren sind weiße, spät blühende asiatische Wildrosen.

Die *Rosa* x *damascena* war die berühmte gefüllte Duftrose der Antike und bis heute wird sie – nicht nur in Bulgarien – zur Rosenölgewinnung in großem Stil angebaut. Noch vor einiger Zeit teilte man sie in die herbstblühenden und die sommerblühenden Damaszenerrosen ein. Da bis zur Einkreuzung mit den öfter blühenden chinesischen Rosen eine zweite Blüte im Herbst eher selten war, gewannen die herbstblühenden Damaszenerrosen, die natürlich auch im Juni blühten, eine größere Bedeutung.

Zu Zeiten des unübertroffenen Meisters des Farbstiches, P.-J. Redouté, bezeichnete man die Damaszenerrosen, die eine Nachblüte aufwiesen, als *Rosa bifera* oder Herbstdamaszenerrosen.

Rosa x *damascena* zeigen einen höheren Wuchs als die Gallicarosen, sie haben bogig abstehende Triebe mit vielen hakenförmigen Stacheln und fünf- bis siebenfiedrige Blätter, die zuerst hellgrün und später graugrün sind. Ihre gefüllten, duftenden Blüten sitzen in Büscheln zusammen, auffällig sind die länglichen Kelchblätter.

Schöne Beispiele: ‘Blush Damasc’, ‘Celsiana’, ‘Ispahan’, ‘Mme. Hardy’, ‘Mme. Zöetmans’, ‘Rose de Resht’ (wird manchmal auch unter Portlandrosen geführt), ‘Trigintipetala’.

Persönliches: ‘Rose de Resht’ hat eine sehr nette Nachblüte.

Albarosen

Aus einer natürlichen Kreuzung von *Rosa* x *damascena* mit einer *Rosa canina* wiederum hat sich die *Rosa* x *alba* entwickelt. Diese recht großen Sträucher waren im Mittelalter sehr beliebt. Kreuzritter hatten sie aus dem Vorderen Orient mitgebracht. Ihre immer sehr hellen Blüten harmonieren wunderschön mit den fünf- bis siebenfiedrigen Blättern.

Schöne Beispiele: 'Blush Hip', 'Chloris', 'Félicité Parmentier', 'Königin von Dänemark', 'Maidens Blush', 'Mme. Legras de St. Germain', 'Mme. Plantier', 'Suaveolens'.

Albarosen müssen nicht weiß sein, trotz ihres Namens. Es gibt wunderschöne Sorten in zartem Rosa. Berühmt ist 'Maidens Blush' – „Errötendes Mädchen", ein sehr treffender Name.

Zentifolien

Die Herkunft der hundertblättrigen Rose ist noch immer strittig. Nicht einmal die Rückführung auf eine Damaszenerrose gilt als gesichert. Da ihr späterer Einfluss in der Züchtung aber eindeutig nachzuweisen ist, wird die *Rosa centifolia* als eigene Art angesehen. Sie wurde im 16. Jahrhundert sehr viel in Holland kultiviert und ist auf fast allen Blumenstillleben dieser Epoche zu sehen. Daher rührt auch ihr Name „Rose des Peintres“ – Rose der Maler. Die Zentifolien bilden locker aufgebaute, stachelige Sträucher mit dunkelgrünem Laub. Die meist gut duftenden Blüten stehen einzeln oder in Dreiergruppen an kurzen Trieben.

Schöne Beispiele: ‘Blanchefleur’, ‘Fantin Latour’, ‘Petite de Hollande’, ‘Reine des Centfeuilles’, ‘Tour de Malakoff’.

Moosrosen oder auch *Rosa centifolia muscosa* sind eine Mutation, die um die Blüten herum einen moosartigen Bewuchs entwickeln, der harzig duftet. Diese Sorte war Mitte des 19. Jahrhunderts sehr beliebt.

Die Zentifolien besitzen eine Aura feudaler Üppigkeit, im Gegensatz zu den schlichteren Gallicas und Albarosen. Der volkstümliche Name Kohlrose passt dazu nicht recht, die kugelige Wuchsform des Blütenkopfes allerdings schon.

Schöne Beispiele: ‘Blanche Moreau’, ‘Goethe’, ‘Henri Martin’, ‘Nuits de Young’, ‘William Lobb’.

Persönliches: Die pinkfarbenen Blüten der Rose ‘Goethe’ passen gut zum Laub von dunkelroten Purpurglöckchen.

Portlandrosen

Eine perfekte Mischung der guten Anteile von *Rosa gallica*, einer herbstblühenden *Rosa* x *damascena* und der *Rosa chinensis* stellen die Portlandrosen dar. Der Name ist eine Huldigung an die zweite Duchess of Portland, die im 18. Jahrhundert in England einen bedeutenden Rosengarten besaß und diese Sorte aus Italien mitbrachte. Die Portlandrosen sind relativ klein, aufrecht, haben kräftige Triebe und die duftenden, gefüllten Blüten sitzen an kurzen, festen Stielen. Sie sind sehr robust und blühen mehrmals im Jahr.

Die meisten Portlandrosen zeichnen sich durch eine kräftige scharlach- beziehungsweise zinnoberrote Färbung aus, die im 19. Jahrhundert noch ungewöhnlich und daher sehr begehrt war.

Schöne Beispiele: 'Comte de Chambord', 'Jacques Cartier', 'Miranda', 'Rose du Roi'.

Wildrosen

Neben diesen „alten" Kulturformen haben die Wildrosen ebenfalls immer ihren Platz gehabt. Für die Gartengestaltung spielten sie eine lange Zeit keine große Rolle – zu Unrecht. Dafür sind sie oft die Mütter wunderbarer Zuchtformen, der Hybriden.

Rosa rubiginosa, die Schottische Zaunrose, auch *Rosa eglanteria* genannt, hat kleine, einfache, rosarote Blüten, im Herbst kugelige rote Hagebutten, ihr Laub duftet nach Äpfeln.

Rubiginosa-Hybriden: 'Flammentanz', 'Fritz Nobis'.

Die Schottische Zaunrose, *Rosa rubiginosa*, wird häufig als sogenannte „Unterlage" in der Rosenkultur verwendet. Das heißt, dass auf ihren Wurzelhals veredelte Sorten okuliert, aufgepfropft, werden.

Rosa fedtschenkoana

Die Wildrose *Rosa fedtschenkoana* hat ihre Bedeutung durch den botanischen Erbanteil erlangt, den sie den wunderbaren Damaszenerrosen mitgegeben hat. Aber auch ihre schönen Hagebutten im Herbst zeichnen sie aus.

Eine zum Wuchern neigende mittelgroße Strauchrose mit überhängendem Wuchs und mittelgroßen weißen, flachen Blüten, die im Herbst schöne orangerote birnenförmige Hagebutten ausbilden. Fedtschenkoana-Anteile sind besonders in den herbstblühenden Damaszenerrosen vorherrschend, z. B. bei der *Rosa* x *damascena bifera* oder auch *R.* x *d.* var. 'Semperflorens' ('Rose des Quatre Saisons').

Rosa foetida

Die Abbildung zeigt eine *Rosa foetida*. In alten Büchern trägt sie auch den Namen *Rosa lutea*. Sie wurde nachweislich schon vor 1600 angebaut.

Die Fuchsrose zeichnet sich durch ihren penetranten Geruch aus. Auch die gelbe Farbe ihrer fünf Zentimeter großen ungefüllten Blüten war vor Einführung der chinesischen Rosen ungewöhnlich. Sie wird nur einen guten Meter hoch. *R. foetida*-Hybriden: 'Persiana' (oder 'Persian Yellow'), 'Soleil d'Or'.

Rosa glauca

Ein besonderer Schmuck ist die Hechtrose in einer Hecke zwischen anderen Laubgehölzen. Ihre dunkelroten Triebe und die graubereiften Blätter bilden zusammen mit den hellen, pinkfarbenen Blüten einen schönen Gegensatz zu anderen Sträuchern.

Die wüchsige überhängende Hechtrose *Rosa glauca* – früher auch *Rosa rubrifolia* genannt – wird gern wegen ihrer rötlichen Triebe und ihres graupurpurnen Laubes gepflanzt. Die kleinen offenen Blüten sind kirschrosa mit einem helleren Zentrum und goldenen Staubgefäßen. Die Hagebutten sind vielzählig, klein, rund und rot.
Glauca-Hybride: 'Sir Cedric Morris'.

Rosa canina

Eine Variante unserer bekannten Heckenrose zeigt diese Abbildung aus dem Rosenalbum von Redouté: die nadelblättrige Hundsrose *Rosa canina*, deren Laub besonders fein gefiedert ist.

Die Hecken- oder Hundsrose ist unsere bekannteste heimische Wildrose. Sie trägt hellgrünes Laub, offene, rosa Blüten und hellrote, ovale Hagebutten im Herbst.
Canina-Hybriden: 'Abbotswood', 'Kiese'.

Rosa moschata

Die Moschusrose *Rosa moschata* gehört zu den Rosen, die schon vor vielen Hundert Jahren ihres starken Duftes wegen kultiviert worden ist. Auch Shakespeare hat sie namentlich in seinen Versen besungen.

Die Moschusrose wird bis zu drei Meter hoch und bildet einen lockeren Strauch mit purpurgrünen Blättern und halb gefüllten, nach Moschus duftenden milchweißen Blüten. Sie stammt aus Kleinasien und ist etwas frostempfindlich.
Moschata-Hybriden: 'Dupontii' (wahrscheinlich), 'The Garland' und später 'Buff Beauty', 'Felicia', 'Moonlight', 'Penelope'.

Rosa pimpinellifolia

Rosa pimpinellifolia kann auch von „Nichtlateinern" sofort identifiziert werden, so lautmalerisch ist der botanische Name. Außer ihrem reizenden, kleinblättrigen Laub sind ihre kugeligen, schwarzen Hagebutten etwas Besonderes.

Die Bibernell- oder Dünenrose hat stachelige Triebe mit ganz kleinen, farnartigen Blättchen. Die Blüten sind cremeweiß und im Herbst reifen sie zu runden, purpurschwarzen Hagebutten aus.
Pimpinellifolia-Hybriden: 'Frühlingsgold', 'Karl Foerster', 'Single Cherry', 'Stanwell Perpetual'.

Persönliches: 'Single Cherry' hat keine weißen, sondern zauberhafte kirschrote Blüten.

Sowohl bei den europäischen Kulturrosen, die während der Jahrhunderte durch gezielte Auslese, Zufallskreuzungen und Mutationen entstanden waren, als auch bei den hier bekannten Wildrosen wichen die Wuchsformen und auch die Farbpalette nicht entscheidend voneinander ab. Vorherrschende Farben waren Weiß, Rosa, Mauve und Purpur und alle Rosen blühten gleichermaßen nur am vorjährigen Holz, was praktisch eine einmalige Blüte – und eine sehr seltene Nachblüte – zur Folge hatte.
Mit der Einführung ostasiatischer Rosen, die teilweise auch schon Produkte uralter gärtnerischer Auslese beziehungsweise Zufallskreuzungen und Mutationen waren, veränderte sich die Rosenkultur Mitte des 18. Jahrhunderts jedoch auf eine fast revolutionäre Weise.
Der entscheidende Unterschied zwischen den bisher bekannten Rosen und den Einwanderern aus China und Japan bestand darin, dass die asiatischen Arten am einjährigen Trieb blühten und deshalb während der ganzen Vegetationsperiode eines Jahres neue Blüten ansetzten. Damit wurden sie die Urmütter aller öfter blühenden Rosen der nachfolgenden Zeiten.
Aber nur das Zusammentreffen dieser mehrfach blühenden Arten mit den europäischen Rosen allein hätte nicht zu dem Züchtungs- und Vermehrungsboom des beginnenden 19. Jahrhunderts führen können, wenn nicht fast zeitgleich mit dem Erscheinen der *Rosa chinensis* in Europa die Entdeckung der geschlechtlichen Vermehrung der Pflanzen veröffentlicht worden wäre. 1761 erschien das bahnbrechende Forschungsergebnis des Botanikers Koelreuter mit dem Titel: „Vorläufige Nachricht von einigen das Geschlecht der Pflanzen betreffenden Versuchen“. Eine neue Rose konnte sich nun aus einem Samen entwickeln, der durch die von Menschen manipulierte Vereinigung von Blütenstaub und Stempel entstanden war.

Chinarosen

Es waren vier Rosen, 'Parsons' Pink China' oder 'Old Blush China', *Rosa chinensis* 'Semperflorens' oder 'Slater's Crimson', 'Hume's Blush Tea-scented China' (*Rosa* x *odorata*) und 'Park's Yellow Tea-scented China' (*Rosa* x *odorata ochroleuca*), die zwischen 1752 und 1824 die entscheidenden Veränderungen in der Rosenzüchtung auslösten. An lockeren Trieben, frostempfindlich und fast ohne Duft kamen diese Blütenwunder durch Pflanzenjäger beziehungsweise den aufstrebenden Handel der Ost-Indischen Tea-Company nach Europa. Gekreuzt mit unseren robusten, duftenden Frühsommerblühern entstanden die modernen Rosen unserer Zeit. Aber auch andere Importe aus Ostasien trugen zur Entwicklung der Rosenzucht bei: *Rosa wichuraiana*, *Rosa gigantea* und *Rosa multiflora* haben die Kletterrosenkultur befördert. Kreuzungen mit *Rosa* x *odorata ochroleuca* waren für gelbe Zuchtformen verantwortlich. Und die bei uns fast wie eine ursprüngliche Wildrose heimisch gewordene *Rosa rugosa*, die Kartoffelrose, wurde nicht nur Mutter einiger prächtiger robuster Gartenrosen, sondern ist aus öffentlichen Anlagen und besonders den Gärten, die salzigem Meerwind ausgesetzt sind, nicht mehr wegzudenken.

Mit der Einführung der Chinarosen in Europa begann eine neue Epoche in der Rosenzucht. Die abgebildete 'Old Blush China' hat wirklich Geschichte gemacht.

Rugosa-Hybriden: 'Blanc Double de Coubert', 'Conrad Ferdinand Meyer', 'Frau Dagmar Hastrup', 'Pink Grootendorst', 'Roseraie de l'Hay'. Durch Zufallskreuzungen, also ohne bewusstes menschliches Zutun, waren zwischenzeitlich einige Rosen entstanden, die als eigene Art behandelt werden.

Bourbonrosen

Als Kreuzung einer *Rosa* x *damascena* mit einer *Rosa chinensis*, zufällig entstanden und auf der Insel Bourbon entdeckt, wurde sie die Stammmutter vieler schöner Nachkommen.

Schöne Beispiele: 'Boule de Neige', 'Commandant Beaurepaire', 'Coupe d'Hébé', 'Louise Odier', 'Mme. Isaac Pereire', 'Mme. Pierre Oger', 'Robusta', 'Souvenir de la Malmaison'.

Persönliches: 'Commandant Beaurepaire' ist eine meiner Lieblingsrosen. Der große Strauch trägt kleine kugelig gefüllte Blüten, die stark duften und rosa-weiß gestreift sind.

Noisetterosen

Auch bei der Entstehung dieser Art war schon eine Chinarose beteiligt. Die vermutliche Kreuzung mit einer *Rosa gigantea* und einer *Rosa moschata* hat zartblütige Kletterrosen von hoher Wuchskraft.

Schöne Beispiele: 'Aimée Vibert', 'Gloire de Dijon', 'Maréchal Niel', 'Mme. Alfred Carrière'.

Persönliches: 'Maréchal Niel' ist eine frostempfindliche buttergelbe Schönheit, nur für Wintergärten geeignet.

Boursaultrosen

Sie sind nicht so bekannt, aber auch eine eigene Art. Die wohl schon von einem Züchter bewusst vorgenommene Kreuzung einer *Rosa pendulina* mit einer *Rosa chinensis* ließ eine stachellose, früh blühende Rose entstehen, die oft eine schöne Herbstfärbung hat.

Schöne Beispiele: 'Amadis', 'Inermis Morletii', 'Mme. Sancy de Parabère'.

Remontantrosen und ihre Nachfolger

Kurz zusammengefasst hat die Verbindung von ostasiatischen Rosen mit Gallicarosen zu den sogenannten Chinarosen geführt. Eine Kreuzung dieser Art mit Damaszener- und später auch Bourbonrosen brachte die zweimal blühenden Remontantrosen hervor.

Schöne Beispiele: 'Fisher and Holmes', 'Frau Karl Druschki', 'Paul Neyron', 'Reine des Violettes'.

Teehybriden (Edelrosen)

Die Rückkreuzung der Remontantrosen mit Chinarosen ließ die Teehybriden (Edelrosen) entstehen. Sie tragen an aufrechten Trieben einzelne, große und elegante Blüten. Die erste anerkannte Teehybride, 'La France', wurde 1867 preisgekrönt. Alle davor entstandenen Rosen nannte man bisher „Alte Rosen" – es wird jedoch diskutiert, ob nicht das Jahr 1920 die Schnittstelle zwischen „alten" und „neuen" Rosen sein sollte.

'La France' gilt als die erste Teehybride und noch immer schwärmen Rosenliebhaber von ihrem unerreichten Duft und ihrer unnachahmlichen Eleganz. Man kann sie auch heute bei renommierten Züchtern erhalten.

Folgende Doppelseite: 'Frohsinn', eine edelblütige Beetrose des Züchters Tantau aus dem Jahr 1982.

Beispiele für Teehybriden der ersten Züchtungsgeneration:
'La France', 'Kaiserin Auguste Victoria', 'Mme. Caroline Testout', 'Mrs. John Laing', 'Soleil d'Or'.
1875 kam durch eine Mehrfachkreuzung einer *Rosa multiflora* die erste Polyantharose auf den Markt. Mit ihren dichten Blütenbüscheln war sie damals eine Sensation.
Beispiel: 'Frau Astrid Späth', 'Mignonette', 'Pàquerette', 'The Fairy'.

Persönliches: 'The Fairy' ist ein rosafarbener Dauerblüher, aber leider mehltaugefährdet.

Floribundarosen

Als man die Polyantharose später wieder mit einer Teehybride kreuzte, entstanden die Floribundarosen – ein Kompromiss zwischen beiden Eltern: weniger üppig, aber mit edleren Blütenformen.
Beispiel: 'Lilly', 'Meteor', 'Odette', 'The Queen Elizabeth Rose'.
Zum Glück für den Gartenlaien geht man seit einigen Jahren in den Rosenkatalogen von der Einteilung, die etwas über den Ursprung der Arten aussagt, ab und ordnet die Rosen in Wuchsformen ein. Es heißt also nicht mehr Teehybride, Floribunda-, Polyantha-, Remontant-, Alte oder Englische Rose. Diese Hinweise bleiben zwar bestehen, ordnen sich aber einer klaren Gliederung unter. Zukünftig kann man die Rose seiner Wahl unter den Begriffen Strauch-, Beet-, Kletter-, Hochstamm-, Zwerg- oder Bodendeckerrose suchen.

Eine seit langem sehr beliebte Gartenrose ist 'The Queen Elizabeth Rose'. Ihre edel geformten Blüten eignen sich gut für die Vase. Allerdings muss sie im Frühjahr beherzt zurückgeschnitten werden, sonst wird sie unten kahl und „hochbeinig".

Rosenauswahl

Die Vielfalt und die hohe Qualität des Angebots der Rosenschulen sind beeindruckend und es scheint, als ob keine Verbesserung mehr möglich sei. Nach den Züchtungserfolgen in Bezug auf eine zweite Blüte durch die Einkreuzung mit den Chinarosen folgten Bemühungen um neue Farbnuancen. Gelbe, blutrote und orangerote Edelrosen waren in den 1950er Jahren der letzte Schrei. Dann folgte die Mode der überbordenden Blütenfülle der Polyantharosen, bis diese als etwas ordinär galten und ihre Mehltauanfälligkeit nicht mehr akzeptiert wurde. Die edleren Floribundarosen waren nun gefragt, und den Krankheiten begegnete man mit Chemie. Mit zunehmendem Umweltbewusstsein unternahmen die Züchter große Anstrengungen, widerstandsfähige Pflanzen auf den Markt zu bringen. Mit Erfolg. Aber zeitgleich wurde auch der Ruf nach dem Duft früherer Rosen laut. Man sehnte sich nach der gefüllten Pracht der sogenannten Alten Rosen und nahm das Fehlen der zweiten Blüte gern in Kauf. Das Geschäft mit „historischen“ Rosen blühte, bis durch den Züchter David Austin die Englischen Rosen eingeführt wurden. Sie hatten den Charme der Alten Rosen, waren gesund und blühten am einjährigen Trieb, das heißt öfter als einmal im Jahr. Allerdings hatten die ersten Sorten Probleme, die dicht gefüllten Blütenköpfe auf den meist zarten Stängeln aufrechtzuhalten – aber auch diese Kinderkrankheit war bald überwunden. Inzwischen haben alle renommierten Züchter eine eigene Linie mit altmodisch anmutenden Rosen hervorgebracht, sie heißen Romanticarosen, Rosa Generosa, Märchenrosen oder Nostalgierosen. Sie haben den Charme der historischen Vorbilder, blühen wiederholt, duften und sind in der Regel gesund. Nun hat sich der Wind schon wieder gedreht und die Lust am Einfachen ruft nach anderen Rosen. Die ungefüllte Anmut, das von einer goldenen Staubkrone geschmückte Gesicht soll es diesmal sein und wieder erfüllen die Rosenzüchter unsere Wünsche.

Auf die bewährten Sorten der vergangenen Jahre brauchen wir trotzdem nicht zu verzichten.

Vor der Auswahl unter so poetischen Namen wie ‘Schneewittchen’, ‘Frühlingsgold’, ‘Blossomtime’, ‘Veilchenblau’, ‘Souvenir de la Malmaison’ oder ‘Duftwolke’ liegt jedoch die Entscheidung, welche Wuchsform man wählen soll.

Wuchsform der Rosen:

Zwergrosen
Bodendeckerrosen
Beetrosen
Strauchrosen
Kletterrosen
Hochstammrosen

Zeichenerklärung

Anfälligkeit von Mehltau und Sternrußtau:

★☆☆☆	sehr anfällig, vorbeugend Pflanzenschutzmittel verwenden
★★☆☆	gelegentlicher Befall, Pflanzenschutzmittel bei Bedarf
★★★☆	unter widrigen Wetterverhältnissen Befall möglich, erholt sich von allein wieder
★★★★	höchste Blattgesundheit

ADR-Rose Die Allgemeine Deutsche Rosenneuheitenprüfung wird seit den 1950er Jahren von Vertretern des Bundes deutscher Baumschulen durchgeführt. Diese hohe Auszeichnung wird an Rosen vergeben, die sich über drei Jahre ohne den Einsatz von Pflanzenschutzmitteln in unterschiedlichsten Regionen Deutschlands als besonders widerstandsfähig bewährt haben.

Rechts: Die große Strauchrose ‘Mme. Isaac Pereire’ umrahmt eine romantische Marmorgussfigur. Links schauen zwei Blüten der Rugosahybride ‘Blanc Double de Coubert’ hervor.

Zwergrosen

Sie sind die Kleinsten ihrer Art. Sie werden selten höher als 40 Zentimeter und eignen sich besonders gut für Töpfe und Balkonkästen. Aber auch im Vordergrund einer Staudenrabatte zeigen sie ihre Anmut.

Schöne Beispiele: 'Bambino', 'Coco', 'Little White Pet', 'Lupo', 'Vatertag'.

Bambino®

Noack 2004

Wuchs: ↕ 20–30 cm ↔ breit buschig

Blütezeit: Juni – Oktober

Blüte: 4 cm, ungefüllt, doldenförmig, öfter und reich blühend

Farbe: pink mit leuchtend gelben Staubgefäßen

Duft: -

Blattgesundheit:

Mehltau ★★★☆

Sternrußtau ★★★☆

Topf: ja

Bemerkungen: dunkelgrün glänzendes Laub

Coco®

W. Kordes' Söhne 2006

Wuchs: ↕ 40 cm ↔ kompakt
Blütezeit: Juni – Oktober

Blüte: 3 cm, ungefüllt
Farbe: lachsorange bis lachsrosa mit gelben Staubgefäßen
Duft: ohne
Blattgesundheit:
Mehltau ★★★☆
Sternrußtau ★★★☆
Topf: ja

Bemerkungen: frosthart, robust

Little White Pet

Henderson 1879

Wuchs: ↕ 30–50 cm ↔ stark buschig
Blütezeit: Juni – Oktober

Blüte: doldenförmig, öfter und reich blühend
Farbe: reinweiß, Knospe rosafarben
Duft: leicht nach Myrrhe
Blattgesundheit:
Mehltau ★★☆☆
Sternrußtau ★★★☆
Topf: ja

Bemerkungen: schöner Kontrast zwischen dunkelgrünem Laub und weißen Blüten, frosthart, pflegeleicht, historische Polyantharose

Lupo®

W. Kordes' Söhne 2006

Wuchs: ↕ 50 cm ↔ 40 cm
Blütezeit: Juni – Oktober

Blüte: 3 cm, ungefüllt, öfter blühend
Farbe: intensiv dunkellila bis karminrot
Duft: ohne
Blattgesundheit:
Mehltau ★★★☆
Sternrußtau ★★★★
Topf: ja

Bemerkungen: Neuheit 2006/2007, regen- und hitzebeständig, schöner Hagebuttenschmuck im Herbst

Vatertag®

Rosen Tantau 1959

Wuchs: ↕ 35 cm ↔ 30 cm
Blütezeit: Juni – Oktober

Blüte: 3 cm, locker gefüllt, öfter und reich blühend
Farbe: orange
Duft: wenig
Blattgesundheit:
Mehltau ★★★☆
Sternrußtau ★★★☆
Topf: ja

Bemerkungen: Polyantharose

Bodendeckerrosen

Bodendeckerrosen heißen so, weil sie einen kriechenden oder sehr flachen Wuchs haben. Sie eignen sich bestens für Böschungen und Hänge und sind auch hübsch als Unterpflanzung für eine Hochstammrose im großen Kübel, wenn sie über den Rand nach unten fallen.

Schöne Beispiele: 'Aspirin-Rose', 'Diamant', 'Heidetraum', 'Schneeflocke', 'Sorrento'.

Aspirin®-Rose

Rosen Tantau 1997

Wuchs: ↕ 80 cm ↔ breit buschig
Blütezeit: Juni – Oktober

Blüte: 5–7 cm, gefüllt, öfter und reich blühend
Farbe: weiß, leicht rosa überhaucht
Duft: wenig
Blattgesundheit:
Mehltau ★★★★
Sternrußtau ★★★★
Topf: ja

Bemerkungen: ADR-Rose 1995, robust, frosthart, hitzeverträglich

Diamant®

W. Kordes' Söhne 2001

Wuchs: ↕ 60 cm ↔ 50 cm

Blütezeit: Juni – September

Blüte: 6 cm, halb gefüllt, in Dolden, öfter und sehr reich blühend

Farbe: reinweiß, leuchtend gelbe Staubgefäße

Duft: -

Blattgesundheit:

Mehltau ★★★★

Sternrußtau ★★★★

Topf: ja

Bemerkungen: ADR-Rose 2002, hitzeverträglich, regenfest, frosthart, gute Bodendeckerfähigkeit

Heidetraum®

Noack 1988

Wuchs: ↕ 75 cm ↔ 120 cm

Blütezeit: Juni/Juli – November

Blüte: 4–5 cm, halb gefüllt, in Dolden, öfter und reich blühend

Farbe: karminrosarot

Duft: -

Blattgesundheit:

Mehltau ★★★★

Sternrußtau ★★★★

Topf: ja

Bemerkungen: ADR-Rose 1990, robust, hitzeverträglich, weltbekannt durch große Verbreitung

Schneeflocke®

Noack 1991

Wuchs: ↕ 40–50 cm ↔ buschig

Blütezeit: Mitte Mai – Oktober

Blüte: 5 cm, halb gefüllt, doldenförmig, öfter und reich blühend

Farbe: leuchtend weiß

Duft: leicht

Blattgesundheit:

Mehltau ★★★☆

Sternrußtau ★★★☆

Topf: ja

Bemerkungen: ADR-Rose 1991, robust, regenfest und hitzeverträglich, auf guten Böden Dauerblüher, halbschattenverträglich, sehr schnelle Blütenneubildung

Sorrento®

Noack 2005/2006

Wuchs: ↕ 70–80 cm ↔ niedrig buschig

Blütezeit: Juli – Oktober

Blüte: 5 cm, halb gefüllt, doldenförmig, öfter blühend

Farbe: leuchtend rot

Duft: -

Blattgesundheit:

Mehltau ★★★★

Sternrußtau ★★★★

Topf: ja

Bemerkungen: ADR-Rose 2006, hitzeverträglich, farbbeständig, ideale Fernwirkung

Beetrosen

Sie bilden die nächstgrößere Gruppe. Es sind niedrige Sträucher von bis zu einem guten Meter Höhe, hier sortiert man auch die Edelrosen ein. Der Unterschied besteht in der Blütenform. Beetrosen blühen zahlreich an doldenartigen Blütenständen, während die Edelrosen (oder Teehybriden) meist einzelne, schön geformte Blüten haben, die an längeren Trieben sitzen. Mit Beetrosen allein lassen sich Rondelle füllen oder gemeinsam mit Stauden gemischte Blumenbeete gestalten. Auch für die Einfassung von Terrassen, Eingangsbereichen oder die Bepflanzung von größeren Containern sind sie geeignet.

Schöne Beispiele für edelrosenblütige Beetrosen: 'Ambiente', 'André le Notre', 'Barkarole', 'Focus', 'Gloria Dei', 'Inspiration', 'Meilland's Rose / Schloss Ippenburg'.

Ambiente®
Noack 2001

Wuchs: ↕ 70–80 cm ↔ buschig
Blütezeit: Juni – Oktober

Blüte: 10 cm, stark und edel gefüllt, öfter und reich blühend
Farbe: cremeweiß, in der Mitte lichtgelb
Duft: leicht
Blattgesundheit:
Mehltau ★★★☆
Sternrußtau ★★★☆
Topf: ja

Bemerkungen: blühfreudig, hitzeverträglich, regenfest, für Vasenschnitt geeignet; auch als Hochstamm schön

André le Notre®

Meilland 2001

Wuchs: ↕ 80 cm ↔ 1 m
Blütezeit: Juni – September

Blüte: 10–12 cm, stark gefüllt, öfter blühend
Farbe: zartrosa
Duft: stark zitronig
Blattgesundheit:
Mehltau ★★☆☆
Sternrußtau ★★☆☆
Topf: ja

Bemerkungen: robust

Barkarole®

Rosen Tantau 1988

Wuchs: ↕ 100 cm ↔ 50 cm
Blütezeit: Juni – November

Blüte: 8–11 cm, dicht und edel gefüllt, öfter und reich blühend
Farbe: samtig dunkelrot
Duft: leicht
Blattgesundheit:
Mehltau ★★★☆
Sternrußtau ★★★★
Topf: ja

Bemerkungen: hitzeverträglich, regenfest, gut für Vasenschnitt geeignet

Focus®

Noack 1997

Wuchs: ↕ 70 cm ↔ buschig

Blütezeit: Juni – Oktober

Blüte: 10 cm, edel gefüllt, öfter blühend

Farbe: lachsrosa

Duft: zart nach Wildrosen

Blattgesundheit:

Mehltau ★★★☆

Sternrußtau ★★★☆

Topf: ja

Bemerkungen: Goldene Rose von Den Haag 2000, blühfreudig, hitzeverträglich, regenfest, robust, für Vasenschnitt geeignet, schöne Fernwirkung

Gloria Dei®

Meilland 1945

Wuchs: ↕ 80 cm ↔ 50 cm

Blütezeit: Sommer – Herbst

Blüte: 11–15 cm, gefüllt, öfter blühend

Farbe: lichtgelb mit kupferrotem Rand

Duft: lieblich

Blattgesundheit:

Mehltau ★★★☆

Sternrußtau ★★☆☆

Topf: ja

Bemerkungen: Weltrose 1976, sehr frosthart, pfingstrosenähnlich, Klassiker

Inspiration®

Noack 2003

Wuchs: ↕ 70–80 cm ↔ buschig

Blütezeit: Juni – Oktober

Blüte: 10 cm, edle, gefüllte Blütenform, öfter blühend

Farbe: außen rosa, innen lachsrosa mit gelb

Duft: intensiv

Blattgesundheit:

Mehltau ★★★☆

Sternrußtau ★★★☆

Topf: ja

Bemerkungen: ADR-Rose 2005, hitzeverträglich, regenfest, für Vasenschnitt geeignet

Meilland®'s Rose / Schloss Ippenburg

Meilland 2006

Wuchs: ↕ 90 cm ↔ 60 cm

Blütezeit: Juni – Oktober

Blüte: 12 cm, stark und edel gefüllt, öfter und reich blühend

Farbe: zartrosa

Duft: intensiv

Blattgesundheit:

Mehltau ★★★★

Sternrußtau ★★★★

Topf: ja

Bemerkungen: Ehrenpreis des Casinos Baden-Baden, regenfest, sehr gut für den Vasenschnitt geeignet; Duftrose der Provence

Schöne Beispiele für doldenblütige Beetrosen: 'Alea', 'Bonica', 'Crescendo', 'Gruß an Aachen', 'Leonardo da Vinci', 'Rosenfee', 'Sinea'.

Vorangehende Doppelseite: Viele Storchschnabelsorten (*Geranium*) können eine schöne Unterpflanzung für Beetrosen bilden. Hier schmeichelt eine zartrosa-weiß gestreifte Ausgabe der dichtgefältelten 'Jacques Cartier'.

Alea®

Noack 2007

Wuchs: ↕ 60 cm ↔ sehr kompakt
Blütezeit: Juli – Oktober

Blüte: 5 cm, gefüllt, öfter und spät blühend
Farbe: leuchtend rosa
Duft: -
Blattgesundheit:
Mehltau ★★★★
Sternrußtau ★★★★
Topf: ja

Bemerkungen: ADR-Rose 2006, starker erster Blütenflor, kompakter Wuchs, gut geeignet für kleine Gärten und schmale Beete

Bonica®

Meilland 1982

Wuchs: ↕ 80 cm ↔ aufrecht buschig
Blütezeit: Juni – November

Blüte: 7 cm, gefüllt, öfter und reich blühend
Farbe: zartrosa mit leichtem Lachston, Knospe intensiv rosa
Duft: -
Blattgesundheit:
Mehltau ★★★☆
Sternrußtau ★★★☆
Topf: ja

Bemerkungen: ADR-Rose 1982, Weltrose 2003, frosthart, regenfest, robust, für Halbschatten und extreme Lagen geeignet

Crescendo®

Noack 2003

Wuchs: ↕ 0,7 m ↔ 0,6 m
Blütezeit: Juni – Oktober

Blüte: 10 cm, gefüllt, öfter blühend
Farbe: reinrosa
Duft: -
Blattgesundheit:
Mehltau ★★★★
Sternrußtau ★★★★
Topf: ja

Bemerkungen: ADR-Rose 2005, nostalgische Blütenform, wenig regenfest, für Vasenschnitt geeignet

Gruß an Aachen

Geduldig 1909

Wuchs: ↕ 45 cm ↔ 45 cm
Blütezeit: Juni – Oktober

Blüte: 10–12 cm, dicht gefüllt, öfter blühend
Farbe: rahmweiß
Duft: sanft und lieblich
Blattgesundheit:
Mehltau ★★★☆
Sternrußtau ★★★☆
Topf: ja

Bemerkungen: widerstandsfähig, robust, Floribundarose, erste Kreuzung zwischen einer Teehybride und einer Polyantharose

Leonardo da Vinci®

Meilland 1993

Wuchs: ↕ 60 cm ↔ 50 cm
Blütezeit: Juni – Oktober

Blüte: 7 cm, dicht gefüllt, reich blühend
Farbe: dunkelrosa
Duft: zart
Blattgesundheit:
Mehltau ★★☆☆
Sternrußtau ★★☆☆
Topf: ja

Bemerkungen: regenfest, robust, hitzebeständig, an Alte Rosen erinnernd, für Vasenschnitt geeignet

Rosenfee®

W. Kordes' Söhne 2006

Wuchs: ↕ 70 cm ↔ 50 cm
Blütezeit: Juni – Oktober

Blüte: 7–8 cm, voll gefüllt, öfter blühend
Farbe: lachsrote Knospe, Blüte prinzessinnenrosa
Duft: duftend
Blattgesundheit:
Mehltau ★★★☆
Sternrußtau ★★★☆
Topf: ja

Bemerkungen: Nostalgierose, robust

Sinea®

Noack 2007

Wuchs: ↕ 70–90 cm ↔ 60 cm
Blütezeit: Juni – Oktober

Blüte: 6 cm, halb gefüllt, doldenförmig, öfter blühend
Farbe: leuchtend bordeauxrot, Austrieb der Triebe und Blätter rötlich gefärbt
Duft: -
Blattgesundheit:
Mehltau ★★★★
Sternrußtau ★★★★
Topf: ja

Bemerkungen: ADR-Rose 2006, dekorative Hagebutten, für schönen Folgeflor Sommerrückschnitt nötig

Strauchrosen

Die Kategorie der Strauchrosen umfasst alle Pflanzen ab 100 bzw. 120 Zentimeter Höhe. Einzelne Exemplare können bis zu drei Meter hoch werden. Sie wachsen buschig, strauchig und sind trotz ihrer Größe keine Kletterrosen. Unter den Strauchrosen findet man die meisten sogenannten Alten Rosen, die nur einmal blühen, gesund und winterhart sind und die man kaum zu schneiden braucht.

Alte Rosen

Schöne Beispiele: 'Blanc Double de Coubert', 'Cardinal de Richelieu', 'Charles de Mills', 'Fantin Latour', 'Königin von Dänemark', 'Maxima', 'Mme Hardy', 'Mme Isaac Pereire', 'Reine Victoria', 'Suaveolens', 'Versicolor'.

Blanc Double de Coubert

Cochet-Cochet 1892

Wuchs: ↕ 1,8 m ↔ 1,5 m
Blütezeit: Juni – Juli

Blüte: 10 cm, leicht gefüllt, einmal blühend
Farbe: schneeweiß
Duft: intensiv
Blattgesundheit:
Mehltau ★★★★
Sternrußtau ★★★★
Topf: nein

Bemerkungen: eine pflegeleichte Rugosahybride, robust, bildet Ausläufer. Muss regelmäßig zurückgeschnitten werden, weil sie sonst unten verkahlt.

Cardinal de Richelieu

Parmentier vor 1847

Wuchs: ↕ 1 m ↔ 1,5 m
Blütezeit: Juni

Blüte: 8 cm, unregelmäßig bis halb gefüllt, reich blühend
Farbe: purpurrot, im Verblühen burgunderrot, Mitte weiß
Duft: leicht, pfeffrig-würzig
Blattgesundheit:
Mehltau ★★★☆
Sternrußtau ★★☆☆
Topf: nein

Bemerkungen: nach dem Berater Kardinal de Richelieu am Hofe Ludwigs XIII. benannt

Charles de Mills

Hardy vor 1746

Wuchs: ↕ 1,2 m ↔ 1,2 m
Blütezeit: Juni – Juli

Blüte: 12 cm, stark gefüllt, einmal blühend
Farbe: dunkelpurpurrot, manchmal mit feinem weißem Rand
Duft: leicht bis mittel
Blattgesundheit:
Mehltau ★★☆☆
Sternrußtau ★★★☆
Topf: nein

Bemerkungen: sehr robust, eine der schönsten Gallicarosen

Fantin Latour

Züchter unbekannt, um 1900

Wuchs: ↕ 1,8 m ↔ 1,2 m
Blütezeit: Juni

Blüte: 10 cm, gut gefüllt, schalenförmig, einmal blühend
Farbe: zartrosa
Duft: intensiv
Blattgesundheit:
Mehltau ★★☆☆
Sternrußtau ★★★☆
Topf: nein

Bemerkungen: typische „historische" Rose

Königin von Dänemark

Booth 1816

Wuchs: ↕ 1,5 m ↔ 1 m
Blütezeit: Juni – Juli

Blüte: 8 cm, dicht gefüllt, einmal aber reich blühend
Farbe: silbrigrosa
Duft: intensiv
Blattgesundheit:
Mehltau ★★☆☆
Sternrußtau ★★☆☆
Topf: nein

Bemerkungen: robust, frosthart, schön als Solitärpflanze

Maxima

unbekannt, vor 1500 kultiviert

Wuchs: ↕ 2,5 m ↔ breit buschig

Blütezeit: Juni – Juli

Blüte: locker gefüllt, einmal blühend

Farbe: rahmweiß mit zartrosa

Duft: süß

Blattgesundheit:

Mehltau ★★★★

Sternrußtau ★★★★

Topf: nein

Bemerkungen: robust, hitzeverträglich

Mme. Hardy

Hardy 1832

Wuchs: ↕ 1,6 m ↔ 1,6 m

Blütezeit: Juni – Juli

Blüte: 8 cm, gefüllte Schalen mit kleinem grünem Knopfauge

Farbe: weiß

Duft: zart nach Zitrone

Blattgesundheit:

Mehltau ★★★☆

Sternrußtau ★★★☆

Topf: nein

Bemerkungen: Besonders attraktiv sind die grünen Fiederblättchen, welche die Knospen umgeben. Eine reizende Damaszener mit einem hübschen, buschigen Wuchs

Mme. Isaac Pereire

Garcon 1881

Wuchs: ↕ 2 m ↔ 1,6 m

Blütezeit: Juni – Juli und eine Nachblüte Ende August – September

Blüte: 12 cm, dicht gefüllt

Farbe: kräftig magentarot

Duft: stark

Blattgesundheit:

Mehltau ★★★☆

Sternrußtau ★★☆☆

Topf: nein

Bemerkungen: eine der prächtigsten Bourbonrosen, deren Duft weit trägt

Reine Victoria

Schwartz 1872

Wuchs: ↕ 1,5 m ↔ 1 m

Blütezeit: Juni – Juli

Blüte: kugelig gefüllt

Farbe: lilarosa

Duft: kräftiger Bourbon-Duft

Blattgesundheit:

Mehltau ★★★☆

Sternrußtau ★★☆☆

Topf: nein

Bemerkungen: Die Blüten sind in lockeren Büscheln angeordnet, man kann sie gut an einem Rankobelisk oder einer Säule aufbinden.

Suaveolens

unbekannt, vor 1750 kultiviert

Wuchs: ↕ 3 m ↔ 1,5 m
Blütezeit: Juni – Juli

Blüte: 7 cm, halb gefüllt, einmal aber reich blühend
Farbe: milchweiß
Duft: intensiv und süß
Blattgesundheit:
Mehltau ★★★☆
Sternrußtau ★★☆☆
Topf: nein

Bemerkungen: robust, sehr winterhart, lackrote Hagebutten

Versicolor

unbekannt, vor 1581 kultiviert

Wuchs: ↕ 1,5 m ↔ 1 m
Blütezeit: Juni – Juli

Blüte: 6 cm, locker gefüllt, einmal, aber reich blühend
Farbe: hellrosa mit karminroten Streifen, auffallend gelbe Staubgefäße
Duft: leicht
Blattgesundheit:
Mehltau ★★★☆
Sternrußtau ★★★☆
Topf: nein

Bemerkungen: robust, sehr frosthart, bilden rote Hagebutten aus

Moderne „Alte“ Rosen

Schöne Beispiele für moderne Strauchrosenzüchtungen mit nostalgischem Charme aus den Reihen *Romantica-Rosen*, *Rosa Generosa*, *Märchenrosen* und *Nostalgierosen*: ‘Cinderella’, ‘Colette’, ‘Constance Spry’, ‘Dornröschenschloss Sababurg’, ‘Eden Rose 85’, ‘Fisherman’s Friend’, ‘Flashlight’, ‘Heritage’, ‘Herzogin Friederike’, ‘Leander’, ‘Roter Korsar’, ‘Schloss Eutin’, ‘Tornella’.

Cinderella®

W. Kordes’ Söhne 2003

Wuchs: ↕ 1,5 m ↔ 0,7 m
Blütezeit: Sommer – Herbst

Blüte: 10 cm, gefüllt, öfter blühend
Farbe: zartrosa
Duft: kräftig
Blattgesundheit:
Mehltau ★★★☆
Sternrußtau ★★★☆
Topf: nein

Bemerkungen: nostalgische Blüte, robust, hitzeverträglich, Märchenrose

Colette®

Meilland 1993

Wuchs: ↕ 2 m ↔ 2 m
Blütezeit: Juni – Oktober

Blüte: 7–8 cm, dicht gefüllt, öfter und reich blühend
Farbe: lachsrosa
Duft: angenehm fruchtig
Blattgesundheit:
Mehltau ★★★☆
Sternrußtau ★★★☆
Topf: in großen ja

Bemerkungen: hitzeverträglich, regenfest, frosthart, Solitärpflanze

Constance Spry

Austin 1961

Wuchs: Höhe ↕ 4 m ↔ 1,5 m
Blütezeit: Juni bis Anfang Juli

Blüte: 12 cm, dicht gefüllt, einmal blühend
Farbe: klares Rosa
Duft: intensiv würzig, süß nach Myrrhe
Blattgesundheit:
Mehltau ★★★☆
Sternrußtau ★★★☆
Topf: nein

Bemerkungen: erste Englische Rose von Austin, wächst auch im Halbschatten bei mind. 4–5 Stunden Sonne. Muss etwas gestützt werden.

Dornröschenschloss Sababurg®

W. Kordes' Söhne 1993

Wuchs: ↕ 1,2 m ↔ 0,6 m
Blütezeit: Juni – Oktober

Blüte: 10 cm, öfter blühend
Farbe: reines Rosa
Duft: leicht
Blattgesundheit:
Mehltau ★★☆☆
Sternrußtau ★★☆☆
Topf: nein

Bemerkungen: kompakte Strauchrose für niedrige Hecken, in kleinen Gruppen oder zur Einzelstellung, Märchenrose

Eden Rose® 85

Meilland 1985

Wuchs: ↕ 1,5 m ↔ 0,8 m
Blütezeit: Juni – Oktober

Blüte: 12 cm, sehr dicht gefüllt, öfter und reich blühend
Farbe: zart seidenrosa bis kräftig rosa
Duft: fruchtig leicht
Blattgesundheit:
Mehltau ★★★☆
Sternrußtau ★★★☆
Topf: ja

Bemerkungen: Weltrose 2006, robust, Solitärpflanze, Romantica®-Rose

Fisherman's Friend®

Austin 1987

Wuchs: ↕ 1,8 m ↔ 1 m

Blütezeit: Juni – September

Blüte: 8–9 cm, dicht gefüllt

Farbe: rot

Duft: -

Blattgesundheit:

Mehltau ★☆☆☆

Sternrußtau ★☆☆☆

Topf: ja

Bemerkungen: frosthart

Flashlight®

Noack 2006

Wuchs: ↕ 1,2 m ↔ 0,9 m

Blütezeit: Juni – Oktober

Blüte: 10 cm, gefüllt, doldenförmig, öfter blühend

Farbe: leuchtend rosa bis hellrosa

Duft: leicht

Blattgesundheit:

Mehltau ★★★☆

Sternrußtau ★★★☆

Topf: ja

Bemerkungen: ADR-Rose 2006, Typ Englische Rose

Heritage®

David Austin 1984

Wuchs: ↕ 1,2 m ↔ 1,2 m
Blütezeit: Juni – Oktober

Blüte: 8–10 cm, dicht gefüllt, öfter und reich blühend
Farbe: zartrosa, leicht aprikot
Duft: stark zitronig
Blattgesundheit:
Mehltau ★★★☆
Sternrußtau ★★★☆
Topf: nein

Bemerkungen: hitzeverträglich, regenfest

Herzogin Friederike®

Noack 2002

Wuchs: ↕ 1,5 m ↔ 1,2 m
Blütezeit: Juni – Oktober

Blüte: 5–6 cm, halb gefüllt, öfter blühend
Farbe: lachsrosa mit gelber Mitte
Duft: -
Blattgesundheit:
Mehltau ★★★☆
Sternrußtau ★★★☆
Topf: nein

Bemerkungen: hitzeverträglich, regenfest, interessantes Farbspiel, dekorative Hagebutten, für guten Folgeflor Sommerrückschnitt erforderlich

Leander®

David Austin 1982

Wuchs: ↕ 1,8 m und mehr ↔ 1 m

Blütezeit: Juni – Oktober

Blüte: 8–10 cm, dicht gefüllt, öfter blühend

Farbe: aprikot

Duft: kräftig, fruchtig

Blattgesundheit:

Mehltau ★★★★

Sternrußtau ★★★★

Topf: nein

Bemerkungen: Bronze-Medaille in Den Haag, rosettenförmig, sehr robust und gesund, frosthart

Roter Korsar®

W. Kordes' Söhne 2004

Wuchs: ↕ 1,5 m ↔ 0,8 m

Blütezeit: Sommer – Herbst

Blüte: 9 cm, halb gefüllt, öfter und reich blühend

Farbe: dunkelrot, sehr leuchtend

Duft: zart

Blattgesundheit:

Mehltau ★★★★

Sternrußtau ★★★☆

Topf: nein

Bemerkungen: ADR-Rose 2005, frosthart, hitzeverträglich, regenfest

Schloss Eutin®

W. Kordes' Söhne 2005

Wuchs: ↕ 1,2 m ↔ 0,6 m

Blütezeit: Sommer – Herbst

Blüte: 8 cm, öfter blühend

Farbe: zart aprikot mit dunkler Mitte

Duft: zart

Blattgesundheit:

Mehltau ★★★☆

Sternrußtau ★★★☆

Topf: ja

Bemerkungen: Farbmutation der Märchenrose 'Bremer Stadtmusikanten'

Tornella®

Noack 2005

Wuchs: ↕ 1,5 m ↔ 1,3 m

Blütezeit: Juni – Oktober

Blüte: 8 cm, doldenförmig, stark gefüllt

Farbe: samtrot

Duft: -

Blattgesundheit:

Mehltau ★★★☆

Sternrußtau ★★★☆

Topf: nein

Bemerkungen: hitzeverträglich, regenfest, sehr kräftige Triebe, für Vasenschnitt geeignet

Ungefüllte Strauchrosen

Schöne Beispiele für Strauchrosen mit ungefüllten oder kaum gefüllten Blüten: 'Burghausen', 'Felicitas', 'Golden Wings', 'Mozart', 'Pretty Sunrise'.

Burghausen®

W. Kordes' Söhne 1991

Wuchs: ↕ 2 m ↔ 0,8 m
Blütezeit: Sommer – Herbst

Blüte: 8 cm, öfter blühend
Farbe: hellrot
Duft: leicht
Blattgesundheit:
Mehltau ★★★★
Sternrußtau ★★★★
Topf: nein

Bemerkungen: ADR-Rose 1989, frosthart, bildet in wenigen Jahren üppige Büsche

Felicitas®

W. Kordes' Söhne 1998

Wuchs: ↕ 1,2 m ↔ 1 m
Blütezeit: Juni – Oktober

Blüte: 4 cm, ungefüllt, öfter und reich blühend
Farbe: karminrosa mit orangefarbenen Staubgefäßen
Duft: leicht
Blattgesundheit:
Mehltau ★★★★
Sternrußtau ★★★★
Topf: nein

Bemerkungen: ADR-Rose 1996, frosthart, hitzeverträglich, regenfest, Wildrosencharakter

Golden Wings

Shepherd 1956

Wuchs: ↕ 1,5 m ↔ 0,8 m
Blütezeit: Mai – Oktober

Blüte: 10 cm, ungefüllt, öfter blühend
Farbe: schwefelgelb, später rahmgelb
Duft: leicht
Blattgesundheit:
Mehltau ★★★☆
Sternrußtau ★★★☆
Topf: nein

Bemerkungen: robust, frosthart, auch auf ärmeren Böden und in rauen Lagen, im Herbst große orangerote Hagebutten

Mozart

Lambert 1937

Wuchs: ↕ 1,2 m ↔ 0,8 m
Blütezeit: Juni – Oktober

Blüte: 3 cm, doldenförmig, öfter und reich blühend
Farbe: dunkelrosa mit weißem Auge
Duft: ohne
Blattgesundheit:
Mehltau ★★★☆
Sternrußtau ★★★☆
Topf: ja

Bemerkungen: orangefarbene Hagebutten, Klassiker

Pretty® Sunrise

Meilland 2005

Wuchs: ↕ 100 cm ↔ 60 cm
Blütezeit: Juni – Ende September

Blüte: 6–7 cm, halbgefüllt, öfter blühend
Farbe: innen gelb, nach außen rot
Duft: -
Blattgesundheit:
Mehltau ★★★☆
Sternrußtau ★★★☆
Topf: ja

Bemerkungen: ideal für die Kombination mit blauen Stauden

Kleinstrauchrosen

Unter den Strauchrosen gibt es auch reizvolle, kleinere Sorten, die wegen ihres strauchigen Wuchses dennoch nicht in die Rubrik der Beetrosen eingeordnet, sondern zu einer eigenen Kategorie der „Kleinstrauchrosen“ zusammengefasst werden.

Schöne Beispiele: ‘Escimo’, ‘Noack’s Blühendes Barock’, ‘So Pretty’, ‘Tchaikovski’, ‘Venice’.

Escimo®

W. Kordes’ Söhne 2006

Wuchs: ↕ 0,8 m ↔ 0,5 m
Blütezeit: Juni – Oktober

Blüte: 4–5 cm, öfter blühend
Farbe: absolut reinweiß
Duft: -
Blattgesundheit:
Mehltau ★★★☆
Sternrußtau ★★★☆
Topf: ja

Bemerkungen: ADR-Rose 2006, robust

Noack's Blühendes Barock®

Noack 1997

Wuchs: ↕ 0,7 m ↔ buschig

Blütezeit: Juni – Oktober

Blüte: 6 cm, gefüllt, doldenförmig, öfter blühend

Farbe: rosa

Duft: -

Blattgesundheit:

Mehltau ★★★☆

Sternrußtau ★★★☆

Topf: ja

Bemerkungen: hitzeverträglich, für Vasenschnitt geeignet

So Pretty®

Meilland 2006

Wuchs: ↕ 1,2 m ↔ 0,8 m

Blütezeit: Ende Mai – Oktober

Blüte: 5–6 cm, ungefüllt

Farbe: orangerot, goldkupferfarbene Staubgefäße

Duft: -

Blattgesundheit:

Mehltau ★★★☆

Sternrußtau ★★★☆

Topf: ja

Bemerkungen: gesund, frosthart, regenverträglich

Tchaikovski®

Meilland 1999

Wuchs: ↕ 0,6 m ↔ 0,6 m

Blütezeit: Juni – September

Blüte: 8–9 cm, dicht gefüllt

Farbe: cremegelb

Duft: leicht

Blattgesundheit:

Mehltau ★★★☆

Sternrußtau ★★★☆

Topf: ja

Bemerkungen: hitzeverträglich, sollte sonnig stehen

Venice®

Noack 2003

Wuchs: ↕ 0,8–1 m ↔ buschig

Blütezeit: Juli – Oktober

Blüte: 6 cm, ungefüllt, öfter blühend, spät blühend

Farbe: reinweiß, leuchtend gelbe Staubgefäße

Duft: -

Blattgesundheit:

Mehltau ★★★★

Sternrußtau ★★★★

Topf:

Bemerkungen: ADR-Rose 2002, hitzeverträglich, wildrosenartig

Klassische Strauchrosen

Aber auch weitere, zum Teil moderne, zweimal und öfter blühende Züchtungen gibt es in der Gruppe der Strauchrosen.

Schöne Beispiele: 'Abraham Darby', 'Buff Beauty', 'Centenaire de Lourdes', 'Ghislaine de Féligonde', 'Graham Thomas', 'Herkules', 'Lichtkönigin Lucia', 'Louise Odier', 'Penelope', 'Romanze', 'Rose de Resht', 'Westerland'.

Abraham Darby®

Austin 1985

Wuchs: ↕ 1,5 m ↔ 1,5 m
Blütezeit: Juni – Oktober

Blüte: 10 cm, stark gefüllt, öfter und reich blühend
Farbe: pfirsich- und aprikotgelb
Duft: intensiv und fruchtig
Blattgesundheit:
Mehltau ★★★☆
Sternrußtau ★★★☆
Topf: ja

Bemerkungen: sehr gesund, hitzeverträglich, regenfest, frosthart

Buff Beauty

Bentall 1939

Wuchs: ↕ 1,5 m ↔ 1,5 m

Blütezeit: Juni – Oktober

Blüte: 9 cm, dicht gefüllt, doldenförmig, öfter und reich blühend

Farbe: sattes Aprikot

Duft: fruchtig frisch nach Teerose

Blattgesundheit:

Mehltau ★★★☆

Sternrußtau ★★★☆

Topf: ja

Bemerkungen: robust, nicht ganz winterhart, halbschattig, orangefarbene Hagebutten im Herbst

Centenaire de Lourdes

Delbard-Chabert 1985

Wuchs: ↕ 1,5 m ↔ 0,8 m

Blütezeit: Juni – Oktober

Blüte: 10 cm, dicht gefüllt, öfter blühend

Farbe: leuchtendes Zartrosa

Duft: intensiv duftend

Blattgesundheit:

Mehltau ★★★☆

Sternrußtau ★★★☆

Topf: nein

Bemerkungen: 1994 zu den zehn schönsten Rosen der Welt gewählt, hitzeverträglich, regenfest, frosthart

Ghislaine de Féligonde

Turbat 1916

Wuchs: ↕ 4 m ↔ 1 m

Blütezeit: Juni – Oktober

Blüte: 4 cm, dicht gefüllt, remontierend, schwächere Nachblüte

Farbe: lachsrosa bis zartgelb

Duft: zart, fruchtig

Blattgesundheit:

Mehltau ★★★☆

Sternrußtau ★★★☆

Topf: ja

Bemerkungen: hitzeverträglich, robust, frosthart, regenfest, verträgt Halbschatten, Ramblerrose, ideal für Spaliere und Rosenbögen

Graham Thomas®

David Austin 1983

Wuchs: ↕ 1,5 m ↔ 0,7 m

Blütezeit: Juni – November

Blüte: 11 cm, reich gefüllt, öfter und reich blühend

Farbe: bernsteingelb

Duft: intensiv nach Teerose

Blattgesundheit:

Mehltau ★★☆☆

Sternrußtau ★★☆☆

Topf: nein

Bemerkungen: hitzeverträglich, robust, regenfest, relativ frosthart, Klassiker der Englischen Rosen

Persönliches: eine makellose Rose

Herkules®

W. Kordes' Söhne 2007

Wuchs: ↕ 1,2 m ↔ 0,6 m

Blütezeit: Mai – Oktober

Blüte: 9 cm, stark gefüllt, öfter und reich blühend

Farbe: zart lavendel

Duft: intensiv

Blattgesundheit:

Mehltau ★★★☆

Sternrußtau ★★★☆

Topf: nein

Bemerkungen: reich blühende Strauchrose mit stark gefüllten Blüten, deren Farbe im Verblühen reizvoll verblasst

Lichtkönigin Lucia®

W. Kordes' Söhne 1966

Wuchs: ↕ 1,7 m ↔ 0,7 m

Blütezeit: Mai – Oktober

Blüte: 9 cm, gefüllt, öfter und reich blühend

Farbe: kräftiges Zitronengelb

Duft: angenehm nach Wildrose

Blattgesundheit:

Mehltau ★★★★

Sternrußtau ★★★☆

Topf: nein

Bemerkungen: ADR-Rose 1968, regenfest, hitzeverträglich, sehr frosthart

Louise Odier

Margottin 1851

Wuchs: ↕ 1,8 m ↔ 1,5 m
Blütezeit: Juni – Oktober

Blüte: 7 cm, dicht gefüllt, öfter blühend
Farbe: reinrosa mit lila Hauch
Duft: intensiv
Blattgesundheit:
Mehltau ★★★☆
Sternrußtau ★★☆☆
Topf: ja

Bemerkungen: sehr frosthart, robust

Penelope®

Pemberton 1924

Wuchs: ↕ 1,5 m ↔ 1,5 m
Blütezeit: Sommer – Herbst

Blüte: 8 cm, halb gefüllt, öfter blühend
Farbe: Knospe gelblich, entfaltet sich rosalachs, um weiß aufzublühen
Duft: stark, moschusartig
Blattgesundheit:
Mehltau ★★★★
Sternrußtau ★★★☆
Topf: nein

Bemerkungen: Eine gesunde, pflegeleichte Moschatahybride; im Herbst zeigt sie hübsche korallenrote Hagebutten.

Romanze®

Rosen Tantau 1984

Wuchs: ↕ 1,5 m ↔ 0,7 m

Blütezeit: Juni – Oktober

Blüte: 9 cm, öfter und reich blühend

Farbe: leuchtend pink

Duft: zart

Blattgesundheit:

Mehltau ★★☆☆

Sternrußtau ★★☆☆

Topf: ja

Bemerkungen: hitzeverträglich, regenfest, sehr frosthart, auffallender Herbstflor

Rose de Resht

unbekannt, Persien vor 1880

Wuchs: ↕ 1,5 m ↔ 0,7 m

Blütezeit: Mai/Juni – Oktober

Blüte: 5 cm, dicht gefüllt, öfter und reich blühend

Farbe: purpurrot

Duft: intensiv

Blattgesundheit:

Mehltau ★★☆☆

Sternrußtau ★★☆☆

Topf: ja

Bemerkungen: robust, regenfest, sehr winterhart

Strauchrosen können Hecken bilden, sie sind wunderbar im Hintergrund einer Rabatte oder als Solitär auf dem Rasen oder einer Wiese. Sehr vorsichtig sollte man in einem kleinen Garten sein, oft wird die Wuchskraft unterschätzt, wenn man den hübschen Topf in der Gärtnerei gekauft hat. Aber alle guten Einkaufsquellen liefern exakte Beschreibungen und den benötigten Platzbedarf.

Westerland®

W. Kordes' Söhne 1969

Wuchs: ↕ 1,5 m ↔ 0,8 m
Blütezeit: Mai/Juni – Oktober

Blüte: 12 cm, gefüllt, öfter und reich blühend
Farbe: leuchtendes Kupferorange
Duft: intensiv
Blattgesundheit:
Mehltau ★★★☆
Sternrußtau ★★★☆
Topf: nein

Bemerkungen: ADR-Rose 1974, hitzeverträglich, regenfest, frosthart

Persönliches: Kann sehr hoch werden und braucht eine Stütze

Wildrosen

Die meisten Wildrosen findet man ebenfalls unter der Kategorie Strauchrosen. Sie sollten wegen ihrer Hagebuttenpracht, ihrer stattlichen Büsche, dem Rückzugswert für manche Tiere, aber auch ihrer Schönheit wegen häufiger als Gartenbegrenzung, in Knicks oder als Solitär gepflanzt werden.

Schöne Beispiele: *Rosa foetida* 'Bicolor', *Rosa moyesii* 'Geranium Red', *Rosa rubiginosa* 'Lady Penzance', *Rosa multiflora*, *Rosa nitida*.

Bicolor (*Rosa foetida*)

Kleinasien, Afghanistan

Wuchs: ↕ 1,5 m ↔ 1,5 m
Blütezeit: Mai

Blüte: 4–5 cm, ungefüllt, einmal blühend
Farbe: intensiv gelb
Duft: streng, rosenuntypisch
Blattgesundheit:
Mehltau ★☆☆☆
Sternrußtau ★☆☆☆
Topf: nein

Bemerkungen: Fuchsrose, ziegelrote Hagebutten

Geranium Red *(Rosa moyesii)*

Wildrose

Wuchs: ↕ 1,5 m ↔ 1,8 m
Blütezeit: Juni

Blüte: 4 cm, ungefüllt, einmal blühend
Farbe: erdbeerrot
Duft: leicht
Blattgesundheit:
Mehltau ★★☆☆
Sternrußtau ★★☆☆
Topf: nein

Bemerkungen: besonders leuchtendes Hellrot, birnenförmige orangefarbige Hagebutten

Lady Penzance *(Rosa rubiginosa)*

Penzance 1894

Wuchs: ↕ 2 m und mehr ↔ 1,8 m
Blütezeit: ab Juni – August

Blüte: 4 cm, ungefüllt, einmal blühend
Farbe: hellrosa bis rosarot mit weißem oder gelbem Auge
Duft: leicht
Blattgesundheit:
Mehltau ★★★☆
Sternrußtau ★★★☆
Topf: nein

Bemerkungen: Weinrose, hitzeverträglich, reichliche scharlachrote Früchte, nach Wein und Apfel duftendes Laub

Rosa multiflora Wildrose aus Ostasien, 1860 in Europa eingeführt

Wuchs: ↕ 5 m ↔ 2 m
Blütezeit: Juni – Juli

Blüte: 2 cm, ungefüllt, doldenförmig, einmal blühend
Farbe: weiß
Duft: intensiv
Blattgesundheit:
Mehltau ★★★☆
Sternrußtau ★★★☆
Topf: nein

Bemerkungen: vielblütige Rose, Vogelnährgehölz, rote Hagebutten

Rosa nitida Wildrose aus Nordamerika, in Europa 1807 eingeführt

Wuchs: ↕ 1 m ↔ 1 m
Blütezeit: Hochsommer

Blüte: 5 cm, ungefüllt, einmal blühend
Farbe: leuchtend rosa, hellgelbe Staubgefäße
Duft: leicht nach Maiglöckchen
Blattgesundheit:
Mehltau ★★★☆
Sternrußtau ★★★☆
Topf: ja

Bemerkungen: Glanzrose, rot bis purpurne Färbung im Herbst, dunkelscharlachfarbene Hagebutten, anspruchslos und robust

Kletterrosen

Kletterrosen haben besonders lange Triebe, die allerdings nicht allein an Wänden oder Rankhilfen emporklimmen können. Man muss sie anbinden. Nur wenn sie einmal in das Geäst eines Baumes gelangt sind, halten sie sich von selbst. In dieser Gruppe unterscheidet man zwischen zwei Arten, den Ramblern und den Climbern. Rambler haben die weichen Triebe und die große Wuchskraft der ostasiatischen Mutterrosen, während die Climber nicht so hoch werden und sehr viel starrer im Wuchs sind. Bei beiden Arten findet man einmal und öfter blühende Exemplare. Sie eignen sich nicht nur für den klassischen Rosenbogen oder -obelisk, sondern schmücken Hauswände, Carports, Veranden und Pergolas. Besonders die Rambler wachsen gerne in Bäume hinein, während schwachwüchsige Climber sogar in einem Kübel den Balkon schmücken können.

Rambler

Schöne Beispiele für Ramblerrosen: 'Albertine', 'Apple Blossom', 'Bobbie James', 'Jasmina', 'Lykkefund', 'New Dawn', 'Raubritter', 'Super Dorothy', 'Super Excelsa', 'Veilchenblau'.

Albertine

Barbier 1921

Wuchs: ↕ 5 m ↔ 5 m
Blütezeit: Juni – Juli

Blüte: 8 cm, locker gefüllt, einmal, aber lang blühend
Farbe: kupfriges Lachsrosa, Mitte dunkler
Duft: intensiv und lieblich
Blattgesundheit:
Mehltau ★★☆☆
Sternrußtau ★★★☆
Topf: nein

Bemerkungen: sehr üppig, robust, bedingt frosthart, verträgt Halbschatten, Ramblerrose, die auch in Bäume rankt

Apple Blossom

Burbank 1932

Wuchs: ↕ 3–5 m ↔ 1 m

Blütezeit: Juni – Juli

Blüte: 4 cm, einmal, aber reich blühend

Farbe: zartrosa mit hellerer Mitte

Duft: zart

Blattgesundheit:

Mehltau ★★★☆

Sternrußtau ★★★☆

Topf: nein

Bemerkungen: hitzeverträglich, regenfest, Apfelblüten ähnlich

Bobbie James

Sunningdale Nurseries 1961

Wuchs: ↕ 5 m ↔ 1,5 m

Blütezeit: Juni

Blüte: 4 cm, kaum gefüllt, einmal, aber reich blühend

Farbe: rahmweiß, goldgelbe Staubgefäße

Duft: intensiv nach Moschus

Blattgesundheit:

Mehltau ★★★☆

Sternrußtau ★★★★

Topf: nein

Bemerkungen: auch für Halbschatten geeignet, orangerote eiförmige Hagebutten, benötigt viel Platz

Jasmina®

W. Kordes' Söhne 2005

Wuchs: ↕ 2 m ↔ 1 m
Blütezeit: Juni

Blüte: 6–7 cm, öfter blühend
Farbe: violettrosa
Duft: kräftig
Blattgesundheit:
Mehltau ★★★☆
Sternrußtau ★★★☆
Topf: nein

Bemerkungen: pomponartige Blüten, sehr blühwillig, muss aufgebunden werden

Lykkefund

Olsen 1930

Wuchs: ↕ 8 m ↔ 1 m
Blütezeit: Juni

Blüte: klein, einmal blühend
Farbe: cremegelb, im Aufblühen rahmweiß
Duft: angenehm verströmend
Blattgesundheit:
Mehltau ★★★☆
Sternrußtau ★★★☆
Topf: nein

Bemerkungen: hitzeverträglich, frosthart, auch in Bäume wachsend

New Dawn

Somerset Nursery 1930

Wuchs: ↕ 5 m ↔ 1,5 m

Blütezeit: Juni – Oktober

Blüte: 7 cm, öfter und reich blühend

Farbe: zart cremerosa

Duft: fruchtig frisch, nach Gravensteiner Äpfeln

Blattgesundheit:

Mehltau ★★☆☆

Sternrußtau ★★★☆

Topf: nein

Bemerkungen: sehr robust, hitzeverträglich, auch für ärmere Böden geeignet, lange dicht belaubt, Hagebutten groß und orangefarben, Stammmutter vieler Kletterrosen

Raubritter

W. Kordes' Söhne 1936

Wuchs: ↕ 3 m ↔ 1 m

Blütezeit: Juni – Juli

Blüte: 4 cm, gut gefüllt, einmal, aber reich blühend

Farbe: helles Purpurrosa

Duft: leicht

Blattgesundheit:

Mehltau ★☆☆☆

Sternrußtau ★★☆☆

Topf: nein

Bemerkungen: pomponartige Blüte, sehr winterhart

Super Dorothy®

Hetzel 1986

Wuchs: ↕ 2,5 m ↔ 1 m
Blütezeit: Juni – Oktober

Blüte: 3 cm, gefüllt, öfter und reich blühend
Farbe: rosa
Duft: schwach
Blattgesundheit:
Mehltau ★★★☆
Sternrußtau ★★★☆
Topf: nein

Bemerkungen: pomponartige Blüten, besonders gut für Spaliere und Pergolen geeignet, muss jedoch aufgebunden werden

Super Excelsa®

Hetzel 1986

Wuchs: ↕ 2,5 m ↔ 1 m
Blütezeit: Juni – Oktober

Blüte: 3 cm, öfter und reich blühend
Farbe: karminrosa
Duft: schwach
Blattgesundheit:
Mehltau ★★★☆
Sternrußtau ★★★★
Topf: nein

Bemerkungen: ADR-Rose 1991, besonders gut für Spaliere und Pergolen geeignet, muss aufgebunden werden

Climber

Schöne Beispiele für Climber: 'Alchymist', 'Aloha', 'Amaretto', 'Belkanto', 'Compassion', 'Gloire de Dijon', 'Golden Gate', 'Lawinia', 'Meg', 'Paul's Scarlet Climber'.

Veilchenblau

Schmidt 1909

Wuchs: ↕ 5 m ↔ 1,5 m
Blütezeit: Juni

Blüte: 4 cm, leicht gefüllt, einmal, aber reich blühend
Farbe: purpurviolett mit weißem Auge, im Verblühen lilagrau
Duft: süß fruchtig, nach Lindenblüten
Blattgesundheit:
Mehltau ★★☆☆
Sternrußtau ★★☆☆
Topf: nein

Bemerkungen: sehr gesund, frosthart, verträgt Halbschatten, fast stachellos, ungewöhnliche Blütenfarbe

Alchymist®

W. Kordes' Söhne 1956

Wuchs: ↕ 2,5 m ↔ 1 m

Blütezeit: Juni – Juli

Blüte: 10 cm, dicht gefüllt, einmal, aber reich blühend

Farbe: goldgelb bis zartaprikot

Duft: angenehm

Blattgesundheit:

Mehltau ★★★☆

Sternrußtau ★★★☆

Topf: nein

Bemerkungen: nostalgische Blüte, überreiche Blütenfülle, robust, sehr frosthart

Aloha®

W. Kordes' Söhne 2003

Wuchs: ↕ 2,5 m ↔ 1 m

Blütezeit: Juni – Oktober

Blüte: 10 cm, dicht gefüllt, öfter und reich blühend

Farbe: aprikot mit einigen Rosa- und Rottönen

Duft: angenehm

Blattgesundheit:

Mehltau ★★★★

Sternrußtau ★★★★

Topf: nein

Bemerkungen: starkwüchsig, hitzeverträglich, sehr gesund

Amaretto®

W. Kordes' Söhne 2006

Wuchs: ↕ 2,5 m ↔ 1 m

Blütezeit: Juni – Oktober

Blüte: 10 cm, stark gefüllt, öfter und reich blühend

Farbe: Knospe creme mit rotem Rand, Blüte creme-hellrosa

Duft: fruchtig

Blattgesundheit:

Mehltau ★★★☆

Sternrußtau ★★★☆

Topf: ja

Bemerkungen: neigt zu schwarzen Flecken an den Trieben, was aber keine Krankheit ist und auch die Schönheit der Blüten nicht beeinflusst

Belkanto®

Noack 2004

Wuchs: ↕ 2,5 m ↔ buschig

Blütezeit: Juni – Oktober

Blüte: 8–10 cm, edel gefüllt, öfter blühend

Farbe: samtrot

Duft: -

Blattgesundheit:

Mehltau ★★★☆

Sternrußtau ★★★☆

Topf: nein

Bemerkungen: hitzeverträglich, regenfest, langanhaltende und farbbeständige Blüte, starke feste Triebe

Compassion®

Harkness 1974

Wuchs: ↕ 2,5 m ↔ 1 m

Blütezeit: Juni – Oktober

Blüte: 12 cm, stark und edel gefüllt, öfter blühend

Farbe: salmrosa, orange schattiert

Duft: intensiv

Blattgesundheit:

Mehltau ★★★☆

Sternrußtau ★★★☆

Topf: ja

Bemerkungen: ADR-Rose 1976, regenfest, frosthart

Gloire de Dijon

Jacotot 1853

Wuchs: ↕ 4,5 m ↔ 4 m

Blütezeit: Juni – Oktober

Blüte: 10 cm, gut gefüllt, öfter blühend

Farbe: hell bernsteinfarben, außen rahmweiß mit rosa Hauch

Duft: intensiv

Blattgesundheit:

Mehltau ★★★☆

Sternrußtau ★★★☆

Topf: nein

Bemerkungen: sehr winterhart, gut an warmen, sonnigen Westwänden

Golden Gate®

W. Kordes' Söhne 2005

Wuchs: ↕ 3 m ↔ 1 m
Blütezeit: Sommer – Herbst

Blüte: 9 cm, gefüllt, öfter blühend
Farbe: goldgelb
Duft: angenehm
Blattgesundheit:
Mehltau ★★★☆
Sternrußtau ★★★☆
Topf: nein

Bemerkungen: ADR-Rose 2006, starkwüchsig, sehr gesund, regenfest, hitzeverträglich, schnell und willig wachsend

Lawinia®

Rosen Tantau 1980

Wuchs: ↕ 3 m ↔ 2,5 m
Blütezeit: Juni – Oktober

Blüte: 11 cm, gefüllt, öfter blühend
Farbe: leuchtend reinrosa
Duft: gut und fruchtig
Blattgesundheit:
Mehltau ★★★☆
Sternrußtau ★★☆☆
Topf: nein

Bemerkungen: andauernde Blütenfolge, wetterbeständig

Meg®

Gosset 1954

Wuchs: Höhe ↕ 3,5 m ↔ 3,5 m
Blütezeit: Juni – Oktober

Blüte: 12 cm, halb gefüllt, büschelartig, öfter blühend
Farbe: lachsaprikotfarben, goldgelbe Staubgefäße
Duft: intensiv, lieblich
Blattgesundheit:
Mehltau ★★★★
Sternrußtau ★★★★
Topf: nein

Bemerkungen: gesund, rötliches Laub

Paul's Scarlet Climber

Paul 1916

Wuchs: ↕ 4 m ↔ 3 m
Blütezeit: August

Blüte: halbgefüllt, schalenförmig, büschelartig, einmal, aber reich blühend, manchmal schwache Nachblüte
Farbe: leuchtend scharlachrot
Duft: wenig
Blattgesundheit:
Mehltau ★★★☆
Sternrußtau ★★★☆
Topf: nein

Bemerkungen: winterhart, verträgt ärmere Böden und Halbschatten

Hochstammrosen

Die Hochstammrosen sind auf einen einzelnen, gerade gewachsenen Wildstamm veredelte Rosen, die besonders im 19. Jahrhundert sehr beliebt waren.
Heutzutage werden dazu sehr oft Edelrosen genommen, aber eigentlich eignen sich Kleinstrauchrosen und Beetrosen mit mittelgroßen Blüten besser, weil sie weniger steif sind und rundlichere Kronen bilden.
Trauerrosen sind immer solche Hochstämme, deren aufveredelte Rosen weichfallend sind, wie zum Beispiel manche Bodendeckerrose oder Kletterrose. Es gibt drei verschiedene Stammhöhen, 60 Zentimeter, 90 Zentimeter und 140 Zentimeter. Die Kronen werden entsprechend ihrer Art geschnitten. Sie sind sehr hübsch in formalen Anlagen, als kleine Allee im Eingangsbereich oder als vertikale Betonung im Staudenbeet. Sorgfältig gepflegt kann man sie auch im Kübel auf den Balkon oder die Terrasse stellen.

Schöne Beispiele für Hochstammrosen:
‘Aprikola’, ‘Aspirin’, ‘Bonica’, ‘Fairest Cape’, ‘Leonardo da Vinci’, ‘Pomponella’, ‘Red Leonardo da Vinci’, ‘Sangerhäuser Jubiläumsrose’, ‘Schneewittchen’, ‘Sea Foam’, ‘Sunstar’, ‘Sweet Pretty’.

Aprikola®

W. Kordes' Söhne 2000

Wuchs: ↕ 0,7 m ↔ 0,6 m
Blütezeit: Juni – Oktober

Blüte: 6 cm, gefüllt, öfter und reich blühend
Farbe: aprikosengelb bis leicht rosa im Verblühen, Knospe orangegelb
Duft: fruchtig herb
Blattgesundheit:
Mehltau ★★★☆
Sternrußtau ★★★☆
Topf: ja

Bemerkungen: ADR-Rose 2001, Goldene Rose Den Haag 2005, sehr widerstandsfähig gegen Pilzkrankheiten, hitzeverträglich, regenfest

Aspirin®

Rosen Tantau 1997

Wuchs: ↕ 0,8 m ↔ 0,5 m
Blütezeit: Juni – Oktober

Blüte: 5–7 cm, gefüllt, öfter und reich blühend
Farbe: weiß, leicht rosa überhaucht
Duft: wenig Duft
Blattgesundheit:
Mehltau ★★★★
Sternrußtau ★★★★
Topf: ja

Bemerkungen: ADR-Rose 1995, robust, frosthart, hitzeverträglich

Bonica®

Meilland 1982

Wuchs: ↕ 1,2 m ↔ 0,6 m

Blütezeit: Juni – November

Blüte: 7 cm, gefüllt, öfter und reich blühend

Farbe: zartrosa mit leichtem Lachston, Knospe intensiv rosa

Duft: -

Blattgesundheit:

Mehltau ★★★☆

Sternrußtau ★★★☆

Topf: ja

Bemerkungen: ADR-Rose 1982, Weltrose 2003, frosthart, regenfest, robust, halbschattengeeignet

Fairest Cape®

W. Kordes' Söhne 2005

Wuchs: ↕ 0,8 m ↔ 0,5 m

Blütezeit: Juni – Oktober

Blüte: 8–10 cm, öfter blühend

Farbe: aprikot, gelb bis orangefarben

Duft: angenehm

Blattgesundheit:

Mehltau ★★☆☆

Sternrußtau ★★☆☆

Topf: ja

Bemerkungen: Goldene Rose Baden-Baden 2004

Leonardo da Vinci®

Meilland 1993

Wuchs: ↕ 1 m ↔ 0,5 m
Blütezeit: Juni – Oktober

Blüte: 7 cm, dicht gefüllt, reich blühend
Farbe: dunkelrosa
Duft: zart
Blattgesundheit:
Mehltau ★★☆☆
Sternrußtau ★★☆☆
Topf: ja

Bemerkungen: regenfest, robust, hitzebeständig, an alte Rosen erinnernd

Pomponella®

W. Kordes' Söhne 2005

Wuchs: ↕ 0,8 m ↔ 0,6 m
Blütezeit: Sommer – Herbst

Blüte: 4 cm, öfter und reich blühend
Farbe: dunkelrosa, stark gefüllt
Duft: leicht
Blattgesundheit:
Mehltau ★★★☆
Sternrußtau ★★★★
Topf: ja

Bemerkungen: ADR-Rose 2006, neue Märchenrose mit Pomponblüten im Stil Alter Rosen

Red Leonardo da Vinci®

Meilland 2003

Wuchs: ↕ 0,7 m ↔ 0,5 m

Blütezeit: Sommer – Herbst

Blüte: stark gefüllt, öfter und reich blühend

Farbe: weinrot

Duft: zart

Blattgesundheit:

Mehltau ★★★★

Sternrußtau ★★★★

Topf: ja

Bemerkungen: ADR-Rose 2005, rosettenförmige Blüte, hitzeverträglich

Sangerhäuser Jubiläumsrose®

W. Kordes' Söhne 2003

Wuchs: ↕ 0,7 m ↔ 0,5 m

Blütezeit: Juni bis Oktober

Blüte: 6–7 cm, doldenförmig, nostalgische Form, stark gefüllt, öfter blühend

Farbe: zart aprikot, im Verblühen rosa überhaucht

Duft: leicht, süßlich

Blattgesundheit:

Mehltau ★★★☆

Sternrußtau ★★★☆

Topf: ja

Bemerkungen: robust, frosthart, hitzeverträglich, Märchenrose

Schneewittchen®

W. Kordes' Söhne 1958

Wuchs: ↕ 1,2 m ↔ 0,7 m
Blütezeit: Juni – November

Blüte: 8 cm, leicht gefüllt, büschelförmig, öfter und reich blühend
Farbe: blendendes Reinweiß
Duft: leicht, lieblich
Blattgesundheit:
Mehltau ★★☆☆
Sternrußtau ★☆☆☆
Topf: ja

Bemerkungen: Weltrose 1983, unermüdlicher Dauerblüher bis zum Frost, winterhart, regenfest, hitzeverträglich, zarte Triebe

Sea Foam

E. W. Schwartz 1964

Wuchs: ↕ 0,6 m ↔ 0,6 m
Blütezeit: Mai bis Oktober

Blüte: 4 cm, öfter und reich blühend
Farbe: leuchtend weiß mit zart rosa Hauch
Duft: leicht
Blattgesundheit:
Mehltau ★★☆☆
Sternrußtau ★★★☆
Topf: ja

Bemerkungen: winterhart, hitzeverträglich, schnell nachtreibend, meterlange Triebe

Sunstar®

W. Kordes' Söhne 2007

Wuchs: ↕ 0,9 m ↔ 0,5 m
Blütezeit: Sommer – Herbst

Blüte: 7 cm, gefüllt, öfter und reich blühend
Farbe: zart gelb
Duft: leicht nach Wildrose
Blattgesundheit:
Mehltau ★★☆☆
Sternrußtau ★★★☆
Topf: ja

Bemerkungen: robust, hitzeverträglich, winterhart

Sweet Pretty®

Meilland 2005

Wuchs: ↕ 0,6 m ↔ breit buschig
Blütezeit: Juni – September

Blüte: 6 cm, ungefüllt
Farbe: weiß mit rosa Hauch, markante Staubgefäße
Duft: leicht
Blattgesundheit:
Mehltau ★★★☆
Sternrußtau ★★★☆
Topf: ja

Bemerkungen: Goldmedaille in Baden-Baden 2005, auch als Kleinstrauchrose attraktiv

Der Rosengarten: Verwendungstipps

In jedem Garten sind Rosen willkommen. Sie geben durch ihren Gehölzcharakter ein Struktur bildendes Element, denn sie ziehen ihre Triebe weder ein noch verlieren sie im Herbst ihre Form wie manche Staude. Ihre Blüte ist zuverlässig, bei sehr vielen Sorten mit Schwankungen über viele Wochen und Monate. In feuchten, milden Regionen kann man Rosen noch im Dezember blühen sehen. Vielleicht ist es auch der Gegensatz ihrer schönen Blüten zu dem stachelbewehrten Strauch, der sie so anziehend macht.
Das große Farbspektrum von Weiß über Gelb, Orange, Rot, Rosa, Lila bis Dunkelpurpur ist ähnlich betörend wie der oft ausgeprägte Duft.
Und durch ihre Formenvielfalt kann man sie immer passend zu der Gesamtsituation einsetzen – ein Garten ohne Rosen ist wie eine Torte ohne Sahne. Entweder ist sie der wesentliche Bestandteil oder der entscheidende Zusatz.
Alle Staudenbeete vertragen Rosenpflanzungen aufs Beste. Die hohen Wildstauden und Gräser kombiniert man mit Strauchrosen, wobei delikate Farbzusammenstellungen von Rost, Gelbrot, Orange, Braun und Purpur möglich sind.
Das feurige Ziergras *Imperata cylindrica* (bis -10° C), niedrige *Miscanthus sinensis* Sorten wie var. 'Purpurascens' oder 'Rotsilber' (voll frosthart), Taglilien in verschiedenen Rot- und Orangetönen, Dahlien mit rotem Laub ('Bishop of Llandaff', 'Olympic Fire'), die Sterndolde *Astrantia major* 'Claret' und verschiedene Herbstastern begleiten blutrote Beet- oder Strauchrosen besonders wirkungsvoll. Sehr hohe Rosen vertragen sich sogar mit rosa Mädesüß, dunkelroten Rodgersien und dem roten Schmuckfenchel *Foeniculum vulgare* 'Purpureum'. Als niedrige Begleitung eignen sich Zinnien wie die 'Persian Carpet', dunkelrote Skabiosen und goldgelbe Trollblumen.
Niedrige Beetrosen in den vielen Rosa- und Rottönen harmonieren wunderbar mit weißen Blüten, silbrigem Laub und/oder Hellblau. Schleierkraut 'Rosenschleier' wächst wie ein zarter Bodendecker. Artemisien mit grauweißem Laub (die gelben Blütenstände immer abknipsen), Lavendel, weiße Trichtermalve, weiße Skabiose, weißes Tränendes Herz oder die filigrane Prachtkerze *Gaura lindheimeri* umschmeicheln rosa Rosen. Auch blauer Rittersporn, Vergissmeinnicht im Frühjahr, Eisenhut im Herbst, Glocken-

blumen (*Campanula*) und besonders die violettblaue Edeldistel 'Veitch's Blue' ergänzen rote Rosen.

Gelbe Rosen sind nicht kompliziert, wie oft behauptet wird. Für sie ist Weiß und Grausilber ebenfalls perfekt, aber auch der starke Gegensatz von dunkelblau blühenden Stauden bekommt ihnen gut. Hier dürfen die kleinen gelben Blüten der Artemisien stehenbleiben, weiße Iris mit gelbem Schlund und weiße Margeriten mit goldener Mitte, Himmelsschlüsselchen im Frühjahr und silbergraues Heiligenkraut (*Santolina pinnata* subsp. *neapolitana*) passen gut.

Sehr stimmige Kombination aus der himbeerfarbenen Englischen Beetrose 'John Clare' und purpurblauer Prachtscharte *Liatris* 'Blue Bird'.

Rechts: Die wuchsfreudige Kletterrose 'American Pillar' umrahmt hier sehr malerisch eine Bacchus-Figur im Rosengarten „Auf dem Beutig" in Baden-Baden.

Folgende Doppelseite: Das zarte Rosa der Kletterrose 'Albertine' wird nur von weißen oder ebenfalls zarten Farben begleitet. Hellviolette Glockenblumen und rosalila Fingerhut.

Ebenfalls schön sind rote und orangefarbene Rosen zusammen mit ähnlichfarbenen oder gelben Stauden – im Englischen nennt man das dann eine „hot border". Hier passen Montbretien 'Lucifer', Helenium 'Rubinzwerg', roter Mohn, niedrige Schmuckdahlien in Gelb oder Orange, *Lysimachia punctata* (Goldfelberich, wuchert, aber wenn man es kontrolliert, passt auch die Wuchsform gut) sowie rote und gelbe Lilien. Sehr schön sieht dazu auch gelb-grün panaschiertes Laub wie bei *Iris pseudacorus* 'Variegata' oder das Japangras *Hakonechloa macra* 'Alboaurea' aus.

Bei allen Zusammenstellungen, ob mit hohen Strauchrosen oder niedrigen Beetrosen, darf man nicht das füllende, beruhigende Element von Grünpflanzen vergessen. Funkien, Buchs, Eibe, Lungenkraut, Farne, Frauenmantel, niedrige grüne Graskissen oder Wolfsmilch gehören zwischen die Farbkleckse. Nur im silber/weiß/rosa Beet kann man auf sattes Grün verzichten.

Kletterrosen sollten mit ihrem jeweiligen Hintergrund im Einvernehmen leben. Knallrote Blüten vor schneeweißer Wand sind schmerzhaft und

ein gewisses Dunkelrosa verträgt sich nicht mit Backsteinmauern, besser ist hier ein Hellrosa oder Zartgelb. Kletterrosen in Bäume oder große immergrüne Gehölze hineinwachsen zu lassen, ist inzwischen verbreitet. Vorsicht ist bei zierlichen, alten Schuppen geboten, denn manche Ramblerrose kann ihn zum Einsturz bringen. Auch wenn die Rose über einem niedrigeren Baum schließlich ein Dach bildet, kann bei Schneefall das Gewicht zu stark werden.

Eine schöne Variante sind Klematis, die man in Kletterrosen hineinranken lässt. Sie blühen oft, wenn die Rose gerade ihre Sommerpause einlegt, und es gibt ganz zauberhafte Farbspiele.

Eine spät blühende, großblütige Klematis 'Hagley Hybrid', 'Bees' Jubilee' oder eine andere hellrosa Sorte in einer 'New Dawn'-Rose ergänzen sich wunderbar. Blaue Klematis, zum Beispiel 'Lasurstern', rosa/weiße 'Nelly Moser' oder die samtig purpurne 'Jackmannii', machen aus einer gewöhnlichen dunkelroten 'Sympathie'-Kletterrose eine Sensation. Weiße Klematis schmücken fast immer und hellblaue Glöckchen klettern munter in pinkfarbene Rosen hinein.

Hochstammrosen entfalten nicht nur in symmetrischen oder strengen Gartenanlagen ihren Reiz. Auch über einer zwar niedrigen, aber etwas aufgelockerten Staudenpflanzung können sie wie kleine Bäumchen eine vertikale Betonung abgeben. Unterpflanzungen mit *Stachys lanata* (Wollziest), Frauenmantel, einjährigen Stiefmütterchen, *Impatiens* (Fleißige Lieschen), Begonien und fast allen Storchschnabelsorten, Ballonblumen, Nelken und *Astilben* sind reizvoll.

Ein wenig Platz für sich, damit der Boden aufgelockert, gedüngt und angehäufelt werden kann,

'Félicité Parmentier' ist eine Albarose von besonderer Schönheit, ihre geviertelten, dicht gefüllten Blüten duften und werden von graugrünem Laub umgeben.

Linke Seite: Die beiden scharlachroten Kletterrosen – 'Dortmund' vorne und 'Flammentanz' dahinter – haben eine farblich angenehme Begleitung: gelbgrüner Frauenmantel und violette Katzenminze.

benötigt jede Rose. Aber einjährige Blumen, die nach dem Verblühen wieder verschwinden, kann man etwas enger teppichartig um die Rosen herumsetzen.

Vielleicht macht der Besuch in einem Rosengarten, bei Gartenfreunden oder in einer Rosengärtnerei Lust auf etwas Neues und man möchte eine nicht so bewährte Rose ersetzen. Dann ist der alte Boden an dieser Stelle komplett auszutauschen. In einem 40 x 40 x 40 Zentimeter großen Umfang, denn Rosen vertragen sich „mit sich selbst" nicht.

Rechte Seite: Immer wieder zauberhaft, die Zusammenstellung von rosa Rosen und blauen Begleitpflanzen. Hier stehen sie wirkungsvoll vor einem weißen Holzpavillon.

Die Kletterrose 'New Dawn' ist besonders anspruchslos und blühwillig. Ihre porzellanfarbenen Blüten passen sowohl zur roten Backsteinwand als auch zu der grauen Steinfigur.

Rechte Seite: 'Mme. Isaac Pereire' ist eine große Strauchrose mit betörendem Duft. Ihre purpurfarbenen Blüten harmonieren perfekt mit der violetten Katzenminze darunter.

Folgende Doppelseite: Diese überbordende Fülle von Rosen findet man auf der Blumeninsel Mainau, wo nicht nur ein Heer gut geschulter Gärtner, sondern auch das milde Klima für beste Bedingungen sorgen.

Linke Seite: Fast alle niedrigen Beetrosen lassen sich als Containerrosen in Töpfen kultivieren. Regelmäßiges Düngen und Wässern sind Voraussetzung. Sie überwintern am besten in einem hellen, kühlen Innenraum.

Oben: Ein Besuch des Europa-Rosariums in Sangerhausen zur Rosenblüte ist ein großartiges Erlebnis – mehr Rosen findet man nirgendwo.

Praktische Hinweise zum Einpflanzen der Rosen

Rosen kauft man am besten bei renommierten Rosenzuchtbetrieben, entweder direkt oder per Postversand. Es ist ein großes Vergnügen, die reich bebilderten Kataloge oder die entsprechenden Internetseiten durchzublättern. Viele dieser Rosenschulen betreiben große Schaugärten, die man im Juni besuchen sollte, wenn man im Herbst neue Pflanzen kaufen möchte.

Aber auch gute Gärtnereien oder Gartencenter, die ihr Sortiment mit frischen Pflanzen sorgfältig pflegen, kommen infrage. Der optimale Zeitpunkt zum Pflanzen ist der Herbst. Dann ist der Boden noch etwas warm und die Rosen können vor dem Frost noch einige Wurzeln ausbilden. Eine Ausnahme bildet die sogenannte Containerware. Hier wurden die Rosen in einem Topf angezogen, und sie können mitsamt ihrem gut durchwurzelten Erdballen eigentlich zu jeder Jahreszeit gepflanzt werden. Schon bevor man kauft, sollte der Standort feststehen. Im Allgemeinen tut es weder dem Garten noch der Pflanze gut, wenn man, durch ihre Schönheit betört, eine Rose kauft und hinterher umherschaut, wo sie denn wohl noch unterzubringen sei. Rosen lieben es sonnig und windumspült. Sie mögen weder weiße, heiße, Licht reflektierende Südwände noch den Tropfbereich von Bäumen oder dunkle, windstille Ecken. Sonst sind sie eigentlich schnell zufriedenzustellen und für halbschattige Standorte gibt es besonders geeignete Sorten. Vor dem Einpflanzen wässert man die Rose einige Stunden in einem Eimer. Währenddessen hebt man das Pflanzloch aus, das immer eher zu groß als zu klein ausfallen sollte. Der Aushub kommt auf eine Folie beziehungsweise in einen Eimer und zuunterst polstert man die Kuhle mit gutem Gartenkompost aus. Nun muss das Loch so groß sein, dass sowohl die Wurzeln frei nach unten hängen können als auch der Wurzelhals mit der Veredelungsstelle fünf Zentimeter unter der Erd-

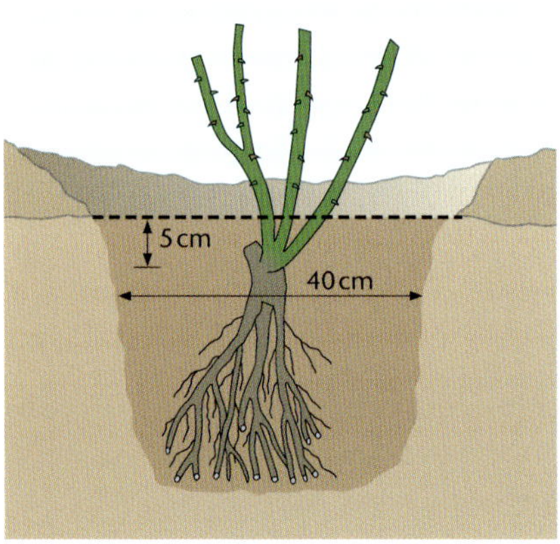

Das Pflanzloch muss groß genug sein, damit die Wurzeln frei nach unten hängen können und die Veredelungsstelle fünf Zentimeter unter dem Erdniveau liegt. Ein quergelegtes Stöckchen hilft dabei.

oberfläche liegt. Das gilt übrigens auch für Containerrosen, deren Veredelungsstelle oft über dem Topfrand thront – auch sie muss im Beet fünf Zentimeter unter die Erde. Für die Einhaltung dieser Entfernung ist ein Bambusstab nützlich, den man quer über das Pflanzloch legt.

Kletterrosen setzt man zirka 40 Zentimeter von der Wand beziehungsweise dem Spalier entfernt schräg in den Boden, damit sie genügend Raum haben, ihre Wurzeln auszubilden. Mit Stäben lenkt man die Triebe dann an das Klettergerüst.

Nimmt man die Rose aus dem Wasser, muss sie ein wenig geputzt werden, bevor sie in die Erde kommt. Abgeknickte, verletzte Wurzeln schneidet man ab und alle übrigen, auch die kleinen, feinen Wurzeln, werden, wie beim Anschnitt von Schnittblumen, ein wenig gestutzt. Extrem lange Wurzeln werden entsprechend eingekürzt. Voraussetzung ist eine tadellose Rosenschere, die schneidet und nicht quetscht.

Nun hält man mit der einen Hand die Rose in das Loch und mit der anderen schiebt oder streut man die Erde hinein. Dabei sollte die Pflanze seitlich etwas hin und her bewegt werden, damit die Erde zwischen die Wurzeln gerät. Danach wird alles mit den Fäusten festgedrückt und in diese Vertiefung vorsichtig ein Eimer Wasser entleert. Ist das Wasser versickert, häufelt man die restliche Erde auf.

Bei Hochstammrosen muss man nicht auf die sogenannte Veredelungsstelle achten, denn die sitzt ja unter der Krone. Aber dafür ist gleich zu Beginn ein Stützpfahl mit in das Pflanzloch zu stecken, an dem die Rose später an drei Stellen mit Sisal oder Bast angebunden wird.

Das Etikett entfernt man in jedem Fall vor dem Pflanzen, um es aber hinterher wieder an einem Zweig zu befestigen. Gehört die Rose nach ein paar Jahren „zur Familie“, dann merkt man sich den Namen, kennt die Farben und braucht diese Nachhilfe nicht mehr.

Mit dem Düngen von frisch Gepflanzten sollte man vorsichtig sein. Der Rosenexperte Karl-Heinz Hanisch hat neu eingesetzte Rosen mit Patienten nach einer großen Operation verglichen. Sie brauchen im ersten Jahr Ruhe und Schonkost. Ein einprägsames Bild.

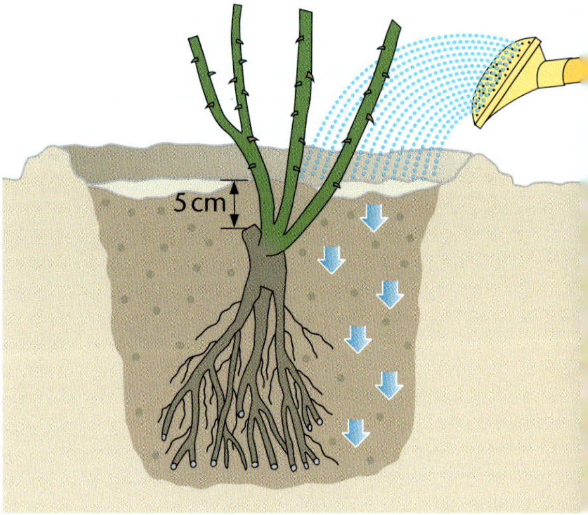

Vor dem Einpflanzen der wurzelnackten Ware werden die Rosen etwa 24 Stunden gewässert. Nachdem der zukünftige Standort vorbereitet worden ist, nimmt man sie aus dem Wasser, kürzt die Wurzeln ein wenig ein – dabei müssen alle abgebrochenen Teile sauber beschnitten werden – und prüft die Größe des Pflanzlochs. Die Wurzeln sollen frei herabhängen können, die Veredelungsstelle liegt fünf Zentimeter unterhalb der Erdoberfläche.

Der Aushub, eventuell mit ein wenig Kompost gemischt, wird eingestreut und mit den Fäusten angedrückt. Bitte nicht mit den Gummistiefeln, zu leicht werden dabei die Triebe verletzt!
In die dadurch entstandene Mulde gießt man den Inhalt einer Gießkanne und lässt das Wasser versickern. Erst danach wird die restliche Erde aufgeschüttet.

Bei Containerrosen verfährt man ähnlich. Oft sitzt die Veredelungsstelle im Topf über der Erde, deshalb muss man auch hier darauf achten, dass sie beim Eingraben wirklich fünf Zentimeter unterhalb der Erdoberfläche liegt.

Ist die Veredelungsstelle fachgemäß im Topf mit Erde bedeckt, macht man nichts falsch, wenn der gesamte Wurzelballen entsprechend tief gepflanzt wird. Auch hier vorsichtig den Aushub mit den Fäusten festdrücken und wässern.

Kletterrosen pflanzt man grundsätzlich wie andere Rosen auch, das heißt sie werden gewässert, das Pflanzloch wird vorbereitet, die Wurzeln geputzt und mit guter Gartenerde eingegraben. Es gibt wurzelechte Rosen, die keine Veredelungsstellen haben, trotzdem sollte der Wurzelballen immer eine gute Handbreit unter der Erdoberfläche liegen.

Kletterrosen bettet man etwas schräg in Richtung ihres Rankgerüstes in die Erde. Denn es wäre falsch, das Pflanzloch direkt an der Hauswand zu graben.

Winterschutz: Wie werden Rosen vor Frost und Austrocknung bewahrt?

Hecken-, Wild- und Bodendeckerrosen benötigen keinen Winterschutz. Auch die großen einmal blühenden Strauchrosen – die historischen Rosen – sind nicht frostempfindlich, denn die Triebe sind im Herbst ausgereift.

Alle anderen Strauch- und Beetrosen mögen aber das 20 Zentimeter hohe Anhäufeln mit Kompost, Stallmist oder anderem organischen Material, das auch mit Erde vermischt werden kann. Die empfindliche Mitte der Rose wird zusätzlich durch Tannenzweige geschützt, damit Frost, Wind und Wintersonne bei gefährlichen Temperaturschwankungen keinen Schaden anrichten können. Da diese Gefahren im allgemeinen erst ab Januar drohen, lässt sich alle Weihnachtsdekoration – auch der zerkleinerte Tannenbaum – gut dafür verwenden, denn von zu früh angebrachtem Winterschutz ist abzuraten. Ein bisschen Abhärtung tut den Rosen gut.

Eigentlich ist Schnee der beste Winterschutz für Rosen, er hüllt die Pflanzen sanft ein. Er verhindert das Austrocknen und lässt so weder scharfe Winde noch die Wintersonne Schaden anrichten. Es ist nicht sinnvoll, diese letzten Blüten ins Haus zu holen. Oft bekommt ihnen der Wechsel zwischen Frost und Zimmerwärme nicht.

Kletterrosen werden auch angehäufelt, der Schutz mit Tannengrün kann natürlich nur bis zu einer gewissen Höhe reichen. Die empfindlichen oberen Triebe frieren vielleicht ab, aber im Frühjahr bilden sich rasch neue.

Etwas komplizierter ist der Winterschutz bei Hochstammrosen. Eigentlich müssen sie, über den Knick am unteren Ende des Stammes gebogen, auf die Erde gelegt und mit einer Krampe fixiert werden. Dann wird die Veredelungsstelle zugehäufelt und die Triebe werden mit Tannenreisig geschützt. Dabei darf die Krone nicht in einer Kuhle liegen, denn dort würde sich Wasser sammeln, das gefrieren kann oder die Zweige faulen lässt.

In vielen Fällen ist kein Raum für diese Methode vorhanden und die Rose bekommt stattdessen eine Haube aus perforiertem Ölpapier oder lockerem Jutegewebe, sogenanntem Ballierungstuch. Vorher hat man in und um die Krone samt Veredelungsstelle mit Bast Tannengrün oder Stroh befestigt. Um dem Ganzen eine heitere Note zu verpassen, kann man die Haube mit einer farbigen Juteschleife unten zusammenbinden. Plastiktüten kommen auf keinen Fall in Frage. Sie sind hässlich und in ihnen bildet sich leicht Schwitzwasser.

Vor diesen Verhüllungsarbeiten sollten in jedem Fall alle Blätter von den Rosen entfernt werden, denn unter dem schützenden Dach können sich Pilzsporen so richtig gut entwickeln.

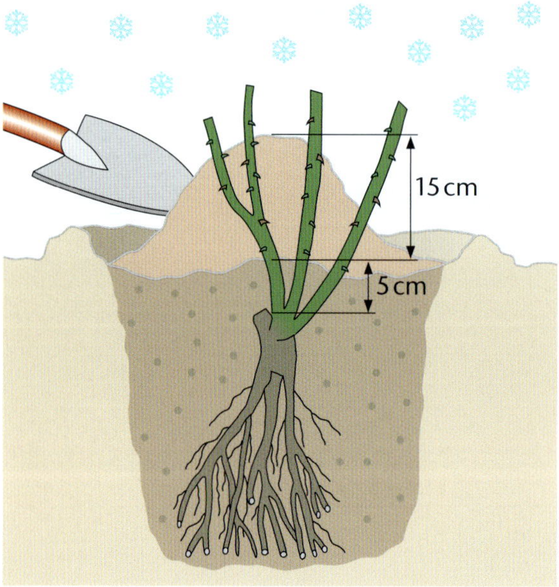

Im Spätherbst werden die Rosen mit Komposterde angehäufelt. Damit verhindert man ein mögliches Austrocknen und Erfrieren der empfindlichen Veredelungsstelle, denn manche Rosen wachsen trotz vorschriftsmäßigem Einpflanzen im Lauf der Zeit ein wenig hoch.

Anfang Januar, wenn es längere Zeit frieren kann, nimmt man Tannenzweige (vielleicht vom Weihnachtsbaum) und bedeckt die Rosen zeltartig. Dazu steckt man die Zweige schräg um die Pflanze herum in den Boden, sodass sie in der Mitte zusammenstoßen.

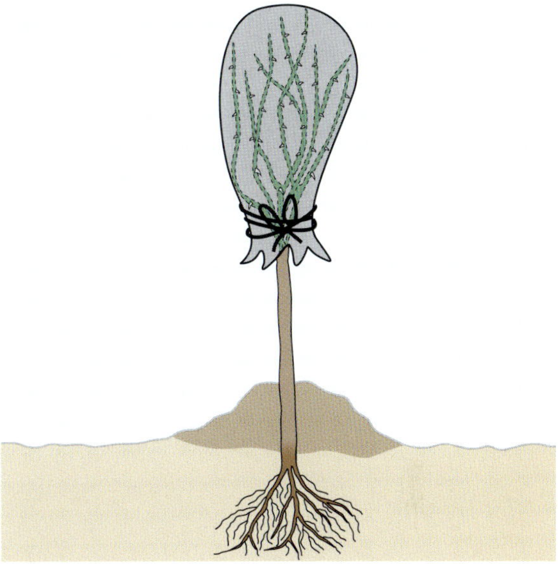

Rosen in Töpfen (Containerosen) schützt man vor Winterschäden, indem man den Topf vorsorglich mit Noppenfolie umwickelt – dann allerdings der Schönheit wegen noch mit einem Jutesack oder sogenanntem Ballierungstuch umhüllt, das Ganze kann auch eine grüne Schleife vertragen!
Die schützenden Tannenzweige werden wie bei Freilandrosen rings herum am Topfrand schräg in die Erde gesteckt, sodass sie oben zusammenstoßen. Diese Rosen trocknen schnell aus, man sollte sie deshalb auch im Winter ab und zu sparsam gießen.

Bei Hochstammrosen ist die empfindliche Veredelungsstelle oben. Deshalb wird die Krone ein bisschen mit kurzen Tannenreisern ausgepolstert und danach mit einem Jutetuch umhüllt. Auch hier macht sich eine Juteschleife gut. Der Garten soll doch im Winter ebenfalls schön aussehen!

Warum, wann und wie schneidet man Rosen?

Es ist ein weit verbreiteter Irrtum zu glauben, dass das Beschneiden der Rosen kompliziert sei. Grundsätzlich sind Rosen sehr geduldig und es entsteht meistens mehr Schaden durch zu zaghaftes als durch zu viel Schneiden.

Der beste Zeitpunkt ist das Frühjahr, wenn die Forsythien blühen. Alles tote Holz, schwächliche und sich kreuzende Triebe müssen entfernt werden. Es sollten keine sichtbaren Stummel am Fuß der Pflanze stehenbleiben, dort nisten sich Krankheitserreger ein. Der richtige Schnitt an den Trieben setzt einen halben Zentimeter über einem Auge an, das sind die kleinen Schwellknospen, die auch in den Blattachseln zu finden sind. Schneidet man kranke oder abgestorbene Triebspitzen ab, dann muss mit einer scharfen, sauberen Rosenschere so weit geschnitten werden, bis das Mark hell und gesund ist. Diese Regeln gelten für alle Rosen.

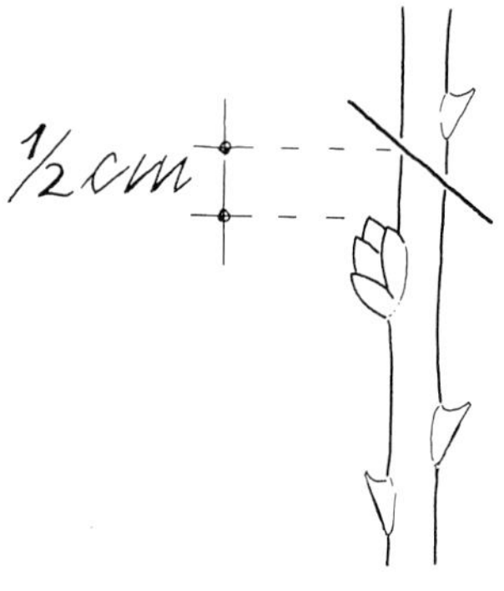

Einen halben Zentimeter oberhalb eines Auges schräg nach unten, so schneidet man die Triebe der Rosen richtig. Und vor allen Dingen sollte die Schere sauber und scharf sein.

Wie viel geschnitten wird, das hängt von ihrer Art ab.

Heckenrosen kann man im Winter mit der elektrischen Schere trimmen, im Sommer kappt man nur einzelne, längere Neutriebe. Kletterrosen kann man in die gewünschte Form stutzen, das heißt die Seitentriebe einkürzen und natürlich immer das alte Holz entfernen.

Bodendecker behandelt man wie Heckenrosen, sie werden im Frühjahr in die gewünschte Form gebracht.

Große Strauchrosen pflegt man wie Kletterrosen, alle paar Jahre wird das überalterte Holz bis nach unten herausgeschnitten und sonst schaut man lediglich, dass sie die Form behalten.

Bei den Beet- und kleineren Strauchrosen kommt es darauf an, ob sie einmal blühend oder öfter blühend sind. Grundsätzlich bedeutet einmal blühend, dass die Rose an jenen Trieben blüht, die sie im Jahr zuvor ausgebildet hat. Sie werden nicht weit zurückgeschnitten, sondern in Form gehalten, indem man im Frühsommer, vor der Rosenblüte, die neuen Laubtriebe bis auf die Höhe der Blüten und Knospen der Vorjahrestriebe kappt.

Bei den mehrmals blühenden Rosen entstehen die Blüten an den im selben Jahr produzierten Trieben, sie müssen im Frühjahr stark gekürzt werden, nur dann entwickeln sie genügend frische Triebe, die die Blüten tragen werden. Da man bei schwachem Wuchs stärker schneidet als bei kräftigem, bedeutet das einen Rückschnitt im ersten Fall auf bis zu zehn Zentimeter, im zweiten Fall lässt man bis zu 40 Zentimeter stehen.

Auch bei den sogenannten Alten Rosen gibt es einige, die öfter blühend, zweimal blühend oder remontierend sind. Sie werden im Herbst höchstens „in Form“ geschnitten und im Frühjahr um ein Drittel eingekürzt.

Hochstammrosen werden entsprechend ihrer Veredelungsart behandelt. Fast immer ist es eine öfter blühende Sorte und sie werden im Frühjahr auf mindestens 20 Zentimeter eingekürzt. Bei Trauer- oder Kaskadenrosen schneidet man während der Vegetationsperiode die weichen, herunterhängenden Triebe auf die gewünschte Länge zurück.

Moderne, öfter blühende Rosen müssen jedes Jahr im Frühling kräftig zurückgeschnitten werden. Man kürzt sie auf drei bis vier Augen ein. Schwache Triebe etwas stärker, starke Triebe weniger.

Einmal blühende Rosen behalten ihre Form, wenn man die neuen Laubaustriebe im Frühsommer oder nach der Blüte auf die Höhe der Blüten und Knospen an den Vorjahrestrieben zurückschneidet. Tote oder sich überkreuzende Triebe schneidet man heraus. Es lohnt sich, jedes Jahr den ältesten, dicksten Trieb völlig herauszuschneiden, damit die Rose einen luftigen, lockeren Aufbau behält.

Kletterrosen stutzt man an den Seitentrieben bis auf zwei, drei Augen ein. Auch hier werden totes Holz und sich gegenseitig behindernde Triebe herausgeschnitten.

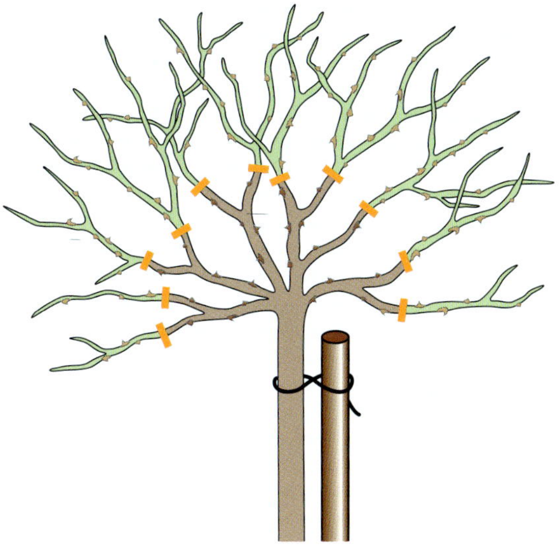

Hochstammrosen sind in der Regel moderne, öfter blühende Rosen. Man behandelt sie wie die Beetrosen. Es ist in diesem Fall sogar noch wichtiger, dass ein kräftiger, rundlicher Rückschnitt erfolgt, damit die Krone ihr schönes Aussehen behält.

Pflegen und Düngen: Wie erhält man die Rosen gesund?

Rosen lieben es, wenn man das sie umgebende Erdreich regelmäßig lüftet. Dazu fährt man mit einer speziellen Rosengabel – eine schmale, zweizinkige Grabegabel – neben der Pflanze ins Erdreich und ruckelt ein wenig hin und her. Eine dünne Mulchschicht, die auf den unkrautfreien, feuchten Boden aufgebracht wird, ist ebenfalls willkommen. Nur bei großer Trockenheit wird von unten durchdringend gewässert. Niemals von oben und niemals mit der Dauerberieselung eines Wassersprengers gießen. Das laufende Entfernen von welken Blüten mit einer scharfen Rosenschere und einem akkuraten Schnitt kurz oberhalb der übernächsten Blattachsel fördert die neue Blütenbildung, verhindert jedoch im Spätsommer den Hagebuttenschmuck. Das muss man abwägen.

Ein unentbehrliches Werkzeug zur Pflege der Rosen ist diese schmale „Gabel". Man sticht in das Erdreich und ruckelt ein wenig hin und her. So wird der Boden um die Pflanze herum gelüftet und gelockert, ohne die Wurzeln zu zerstören.

Damit der Boden die richtige Beschaffenheit bekommt, wird im Spätherbst Stallmist oder Kompost um die Pflanze gegeben, ersatzweise unkrautfreier Rasenschnitt, Rindenschredder oder Sägemehl. Auf jeden Fall sollte es organisches Material sein, das durch die verarbeitende Tätigkeit von Regenwürmern und anderen Kleinstlebewesen im Lauf des Winters den Boden verbessert.

Düngen heißt, den Boden mit Nährstoffen zu versorgen, von denen sich die Rose nach Bedarf bedient. Am einfachsten ist es, den im Fachhandel angebotenen speziellen Rosendünger zu verwenden. Er enthält in der Regel die benötigte Mischung. Nur bei auffälligen Veränderungen, zum Beispiel wenn die Farbe der Blätter gelbgrün wird, sind zusätzliche Eisen- und/oder Magnesiumpräparate angebracht. Der Dünger wird im Frühjahr vorsichtig um die Pflanze eingeharkt, eine zweite Gabe kann man im Frühsommer verabreichen. Auf keinen Fall nach dem 15. Juli, weil die dann noch einmal kräftig nachwachsenden Triebe zu weichlich sind, um den Winter zu überstehen. Aber eine Portion Patentkali im August ist hilfreich, weil sie den Prozess des Ausreifens der vorhandenen Triebe unterstützt. Der Dünger wird vom Boden nur aufgenommen, wenn er feucht ist, deshalb sind bedeckte Tage nach einem Regen am besten. Oder man gießt vorsichtig, nachdem der Dünger leicht eingearbeitet wurde.

Die Mengenangaben auf den Packungen sind genau einzuhalten, denn „viel hilft nicht viel“. Gerade bei mineralischen Düngern (Blaukorn etc.) ist die Gefahr groß, dass zu viel vom Regen ausgewaschen wird und in das Grundwasser gerät.

Auch bei den sogenannten biologischen Düngern, Brennnesselbrühe, Hornspäne, Knochen- und Blutmehl, ist die richtige Dosierung wichtig. Wegen ihrer „Natürlichkeit“ neigt mancher dazu, üppig auszuteilen. Das schadet mehr als es nützt. Brennnesselbrühe kann die Pflanzen regelrecht verbrennen und bei der Gabe von zu viel Stickstoff entwickelt die Rose unnatürlich viele Triebe, die anfällig für Krankheiten und Frost sind.

Trotz bester Pflege können kleine Tiere oder Pilzkrankheiten unseren Rosen zu Leibe rücken. Meistens ist das nicht weiter tragisch, weil die Natur – wenn sie im Garten noch intakt ist – selbst Gegenmaßnahmen trifft. Marienkäfer, Vögel, Ohrwürmer, Florfliegen und fließende Luft sind gute Voraussetzungen. Die grünen Blattläuse, die besonders im Frühjahr massenhaft auftreten können, lassen sich einfach abstreifen oder zart abwaschen, auch die kleinen grünen Raupen, die zu Beginn des Rosenjahres unter dem Laub oder an den Trieben zu finden sind, kann man absammeln. Schwieriger ist die Bekämpfung der Blattrollwespe. Sie legt ihre winzigen Eier an den Rändern der Blätter ab, die sich daraufhin zusammenrollen – leider auch dann, wenn die Wespe nur mal „probiert“ hat und sich gar keine Larven ausbilden. Dieses hässliche Laub sollte entfernt und verbrannt werden (oder in einer verschlossenen Tüte in den Mülleimer kommen). So verfährt man auch mit den zarten Neuaustrieben, in die sich der Rosentriebbohrer eingegraben hat. Man erkennt ihn an den kleinen Einstiegslöchern und den schlaff herabhängenden Triebspitzen.

Echter Mehltau wird durch einen Pilz verursacht. Ein luftiger Standort, das Einsammeln der befallenen Blätter und gute Bodenpflege können helfen.

Rosenrost zeigt sich durch gelbe und orangefarbene Pusteln auf der Unterseite der Blätter. Hier ist oft der Boden verdichtet. Lockern mit der Rosengabel, Einsammeln der Blätter und Kompostgaben wäre angebracht.

Sternrußtau – ebenfalls eine Pilzkrankheit – zeigt im Spätsommer seine Wirkung: Die kranken Blätter werden gelb und fallen ab. Sie müssen alle aufgesammelt werden, der Pilz überwintert auf ihnen.

Blattläuse sind vergleichsweise harmlos. Man kann sie mit den Fingern abstreifen oder mit einer milden Seifenlauge abbürsten. Wird die Rose gut gewässert und gibt es viele Marienkäfer und andere Nützlinge im Garten, dann geht der Spuk schnell vorüber.

Andere Schädlinge wie Rosenzikade, Rote Spinne, Schaumzikade oder Trips sind eher selten und haben keine wirklich verheerenden Auswirkungen. Anders ist das bei Rehen. Wer sich über den malerischen Anblick eines Rehs in seinem Garten freut, der wird bald feststellen, dass die Rosenknospen fehlen. Hier hilft nur ein hoher Zaun – leider!

Ärgerlicher sind die Pilzinfektionen, die dem Laub der Rosen schaden und damit der Gesundheit der Rose insgesamt. Generell muss daher auch im Rosenbeet eine gewisse Hygiene gelten, das heißt krankes, heruntergefallenes Laub wird im Herbst wirklich sorgsam aufgesammelt und vernichtet. Nicht nur auf den Blättern, auch auf dem Holz der Rosen überwintert mancher Pilz, daher müssen befallene Pflanzen schon im Herbst stark zurückgeschnitten werden.

Die bekanntesten Formen der Pilzkrankheiten sind der echte und der falsche Mehltau, der Rosenrost und der Sternrußtau. Echter Mehltau bildet auf der Blattoberseite, auf den Knospen und Triebspitzen einen weißlichen Belag, der falsche Mehltau nur an der Blattunterseite. Beim Rost bekommt die Rose leuchtend orangefarbene Punkte, die bis zum Herbst schwarz werden. Das Laub stirbt ab. Ähnlich ist die Wirkung, wenn eine Rose von Sternrußtau befallen ist: Auf den Blättern entstehen schwarze, ausgefranste Flecken, das Blatt wird gelb und fällt ab.

Wenn die sorgfältige Beseitigung der kranken Teile der Rosen und sonstige gute Pflege keine Besserung bringt, dann helfen im nächsten Jahr nur chemische Spritzmittel, die man am besten vorbeugend einsetzt. Die Beratung im Fachgeschäft sollte man dabei auf jeden Fall in Anspruch nehmen und auch die Mengenangaben auf den Verpackungen peinlich genau beachten. Leider ist das Spritzen nur dann wirklich erfolgreich, wenn man die Intervalle der Behandlung exakt befolgt. Es muss oft im Abstand von zwei bis vier Wochen geschehen. Gelingt die Prozedur, sollte man trotzdem im nächsten Jahr nicht „für alle Fälle“ wieder damit beginnen, sondern in die guten Heilkräfte der Natur vertrauen.

Monatskalender: Der Rosengarten im Jahresverlauf

Welche Arbeiten müssen im Rosengarten wann gemacht werden?

Januar

Gleich nach Neujahr ist die beste Zeit zum Abdecken der Rosen mit Tannenreisig (Weihnachtsbaum etc.) und Einhüllen der Hochstämme. Mussten die Pflanzen bereits im Dezember vor Frost geschützt werden, sollte man jetzt noch einmal alles kontrollieren. Viel lockerer Schnee wäre der beste Schutz. Die Stützpfähle sollten gegebenenfalls gerichtet und die Rosen festgebunden werden.

Februar

Wenn im Herbst noch nicht geschehen, dann können Rosenhecken und Kletterrosen beschnitten werden.

März

Blühen die Forsythien? Nur dann mit dem Frühjahrsschnitt beginnen. In milden Lagen und anhaltender linder Witterung kann man den Winterschutz allmählich entfernen. Ist der Boden „offen“, können neue Pflanzen (Wurzelware) gesetzt werden. Erste Düngung möglich.

April

Rosenschnitt und spätestens jetzt Entfernung des Winterschutzes. Aufrichten der Hochstammrosen, nachdem der Pfahl wieder eingesetzt worden ist. Vorsichtiges Lockern des Bodens, Einbringen der ersten Düngergabe, wenn noch nicht geschehen. Schädlinge absammeln. Letzter Termin für das Pflanzen von wurzelnackten Rosen.

Mai

Bei Bedarf wässern, besonders die Neupflanzungen. Schädlinge absammeln, abwaschen. Vorsicht: Die jungen Triebe der Rosen sind sehr zerbrechlich. Boden lockern, Unkraut entfernen. Bei Mehltau oder Sternrußtau im Vorjahr jetzt dagegen spritzen. Bei einmal blühenden Rosen die Laubtriebe, die über den Blüten und Knospen stehen, abschneiden. Formschnitt.

Juni

Laufend verblühte Rosen abschneiden. Gerollte Blätter der Rollblattwespe und vom Rosentriebbohrer befallene Triebe abknipsen, vernichten. Spritzarbeiten fortsetzen. Zweite Düngergabe. Bei Trockenheit wässern. Hochstammrosen durch regelmäßiges Beschneiden in Form halten. Bei zweimal blühenden, remontierenden Rosen die Blütentriebe kürzen. Formschnitt. Neue Triebe von Kletterrosen anbinden.

Juli

Wenn nicht Ende Juni geschehen, bis zum 15. die zweite Düngergabe verabreichen. Boden lockern, bei Bedarf wässern, Abgeblühtes abschneiden. Einmal blühende Rosen in Form schneiden. Ist nicht gespritzt worden, kann jetzt plötzlich Mehl- oder Sternrußtau auftreten. Blätter sofort entfernen und vernichten.

August

Wildtriebe entfernen, auch totes Holz herausschneiden. Abgeblühtes abschneiden. Mit Patentkali düngen, um das Verholzen der Triebe zu fördern. Jetzt ist es Zeit, Pläne für eventuelle Neupflanzungen zu machen. Dann können die Rosen für die Herbstpflanzung bestellt werden.

September

Heruntergefallenes Laub möglichst vollständig entfernen (Pilzkrankheiten), Unkraut jäten, Boden lockern, Verblühtes abschneiden. Es kann noch mit Kalimagnesia (Patentkali) gedüngt werden.

Oktober

Jetzt kann mit den Vorbereitungen zur Winterruhe im Garten begonnen werden. Ein ordnender Herbstschnitt (Vorbereitung für den Frühjahrsschnitt) ist nicht zwingend notwendig, erleichtert aber das Anhäufeln und Abdecken. Dabei entfernt man totes Holz, sich kreuzende Zweige und schneidet etwas in Form, das heißt die äußeren Zweige etwas mehr als die inneren. Nochmals Boden lockern, Unkraut jäten und die Rosen mit Kompost oder abgelagertem Stallmist anhäufeln. Noch keine Bedeckung mit Zweigen oder Jutesäcken. Vorbereitung der Pflanzlöcher für Neupflanzungen.

November

Die Oktoberarbeiten können fortgesetzt werden. Ist genügend Platz, um die Hochstammrosen niederzulegen, dann sollte man es jetzt tun. Allerdings wird die Krone noch nicht mit Zweigen abgedeckt. Die Pfähle werden herausgenommen, dafür schlägt man einen Pflock in die Erde, um das Loch im Frühjahr wieder nutzen zu können. Die Pfähle werden getrocknet und eventuell imprägniert.

Dezember

Droht eine Frostperiode, dann die Rosen alle mit Tannengrün abdecken und/oder mit Jute einhüllen. Bei „offenem" Boden und milder Witterung kann noch gepflanzt werden.

Pflanzenregister

Die **fett** gedruckten Seitenzahlen verweisen auf Abbildungen

Adressen

Rosengärten

Trotz bester Fotos in den Katalogen und im Internet (www.rosentreff.de, www.rosenfreunde.de, www.europa-rosarium.de, www.namen-der-rosen.de und natürlich alle Adressen, die die Suchmaschine unter dem Stichwort „Rosen" hervorzaubert) ist das größte Vergnügen ein Besuch in einem Rosengarten, einem Rosarium oder dem Schaugarten eines Rosenzüchters. Der beste Zeitpunkt dafür ist sicherlich Anfang Juni, dann blühen alle Rosen. Mit einem Notizbuch und Stift ausgestattet, notiert man die schönsten Exemplare, denn man kann davon ausgehen, dass die Rosen Etiketten tragen. Liegt der Rosengarten in der Nähe des Wohnortes, dann weiß man, dass sie auch im eigenen Garten gedeihen müssten.

Die mit einem * gekennzeichneten Orte sind „Rosenstädte", die Adressen sind nach Orten alphabetisiert.

Rosenmuseum, Alte Schulstr. 1, 61231 Bad Nauheim-Steinfurth

Rosengärtnerei Kalbus, Hagenhausener Hauptstr. 112, 90518 Altdorf

Rosengarten im Kurpark, Vor dem Klagetor 3, 99947 Bad Langensalza*

Rosen Gönewein, Steinfurther Hauptstr. 1–5, 61231 Bad Nauheim-Steinfurth

Schaugarten der Rosen-Union, Steinfurther Hauptstr. 27, 61231 Bad Nauheim-Steinfurth

Rosenhof Schultheis, Bad Nauheimer Str. 3–7, 61231 Bad Nauheim-Steinfurth

Rosen im Kurpark, Zimmermannstr. 29, 31812 Bad Pyrmont

Rosenneuheitengarten „Auf dem Beutig", Moltkestraße, 76530 Baden-Baden*

Rosengärten Gönneranlage, Lichtentaler Allee, 76530 Baden-Baden*

Rosen im Botanischen Garten Dahlem, Königin-Louise-Str. 6–8, 14191 Berlin

Rosen im Britzer Garten, Sangerhauser Weg 1, 12349 Berlin

Deutsches Rosarium Dortmund, Westfalenpark, An der Buschmühle 3, 44139 Dortmund

Rosengarten am Burggraben, Burgstr. 1, 65343 Eltville am Rhein*

Rosengarten im Gruga-Park, Kühlshammerweg 32, 45149 Essen

Rosengarten, Am Rosengarten, 23701 Eutin

Rosengarten Forst, Wehrinselstr. 42, 03149 Forst/Lausitz*

Rosengarten Freising-Weihenstephan, Sichtungsgarten-Institut für Stauden und Gehölze, Am Staudengarten 7, 85354 Freising*

Rosen Jensen GmbH, Rosarium Am Schlosspark 2 b, 24960 Glücksburg

Schaugarten Noack Rosen, Im Fenne 54, 33334 Gütersloh

Rosengarten in „Planten un Blomen", Tiergartenstraße, 20359 Hamburg

Niederdeutscher Rosengarten in den Herrenhäuser Gärten, 30419 Hannover

Rosarium im Botanischen Garten, Münch-Ferber-Str. 10, 95028 Hof

Rosengarten am Dornröschenschloss Sababurg, Sababurg 1, 34369 Hofgeismar

Rosensammlung im Park Wilhelmshöhe, Wilhelmshöher Weg 37, 34128 Kassel

Schaugarten W. Kordes Söhne, Rosenstr. 54, 25365 Klein Offenseth-Sparrieshoop

Rosengarten Blühendes Barock, Im Schlosspark, 71640 Ludwigsburg

Rosensondergarten im Ebertpark, Erzberger Straße, 67059 Ludwigshafen

Blumeninsel Mainau im Bodensee, 78465 Mainau
Rosengarten für Blinde im Schlosspark Marburg, 35037 Marburg
Rosensammlung Gerda Nissen, Jungfernstieg 3, 25704 Meldorf
Rosengarten im Botanischen Garten, Menzinger Str. 61–65, 80638 München
Rosengarten im Westpark, 81514 München
Schaugarten Schütt, Vorder-Neuendorf 16, 25554 Neuendorf-Wilster
Rosengarten auf der Pfaueninsel, Ende Nikolskojer Weg, 14414 Potsdam
Rosen am Schloss Charlottenhof, Im Park Sanssouci, 14414 Potsdam
Rosengarten im Deutsch-Französischen Garten, Nassauerstr. 4, 66111 Saarbrücken
Europa-Rosarium, Steinberger Weg 3, 06526 Sangerhausen
Rosengarten im Park Nells Ländchen, Dasbachstr. 12, 54224 Trier
Rosarium der Stadt Uetersen, Wassermühlenstr. 7, 25436 Uetersen
Rosengarten und Blindengarten, 66482 Zweibrücken*
Wildrosengarten Fasanerie, Fasaneriestraße, 66482 Zweibrücken*

Rosenversand

Landhaus Ettenbühl
Stefanie Körner GbR,
Hof Ettenbühl
79415 Bad Bellingen-Hertigen
Tel. 07635-827970
info@Landhaus-Ettenbuehl.de
www.Landhaus-Ettenbuehl.de

Rosen Union
Steinfurther Hauptstr. 27
61231 Bad Nauheim Steinfurth
Tel. 06032-9653-01
info@rosen-union.de
www.rosen-union.de

Rosenhof Schultheis
Bad Nauheimer Str. 3–7
61231 Bad Nauheim-Steinfurth
Tel. 06032-81013
www.rosenhof-schultheis.de

Rosen Jensen GmbH
Am Schlosspark 2 b,
24960 Glücksburg
Tel. 04631-60100
info@rosen.jensen.de
www.rosen-jensen.de

Noack Rosen
Im Waterkamp 12,
33334 Gütersloh
Tel. 05241-20187
info@noack-rosen.de
www.noack-rosen.de

Vierländer Rosenhof
Jan D. Janssen
Norderquerweg 88,
21037 Hamburg
Tel. 040-72370763
www.vierlaender-rosenhof.de

Lacon Rosen (Guillot Rosen)
J.-S.Piazolostr. 4a,
68759 Hockenheim
Tel. 06205-7033
info@lacon-rosen.de
www.lacon-rosen.de

W. Kordes' Söhne
Rosenschulen GmbH & Co. KG
Rosenstr. 54
25365 Klein Offenseth-Sparrieshoop
Tel. 04121-48700
info@kordes-rosen.com
www.gartenrosen.de

Rosarot Pflanzenversand
(BKN Strobel/Meilland Rosen)
Gerd Hartung
Besenbek 4b,
25335 Raa-Besenbek
Tel. 04121-423884
hartung-rosen@t-online.de
www.rosarot-pflanzenversand.de
www.bkn.de

RosenWelt Tantau
Tornescher Weg 13,
25436 Uetersen
Tel. 04122-7084
tantau@rosen-tantau.com
www.rosen-tantau.de

Impressum

Bildnachweis

Alle Fotos Gisela Caspersen, Hamburg
außer:
Archiv Anke Kuhbier, Hamburg: 6, 28r.
Jürgen Becker, Hilden: 11, 29, 43r., 50l., 52, 55r., 56r., 75r., 79r., 81
© BKN Strobel/Meilland: 43l., 45r., 57l., 61l., 63l., 67r., 69r., 70l., 96l., 98r.
bpk, Berlin/Bischöfliches Seminar, Treviso/Scala: 10
Regina Isterling, Hamburg: 124
© W. Kordes' Söhne: 37l., 38l. 40l., 44r., 49l., 51l., 58, 60r., 63r., 64l., 65, 66l., 68, 72r., 73r., 74l., 77, 82l., 83l., 84r., 85, 86, 87l., 87r., 88l., 89l., 90l., 93l., 94l., 94r., 95r., 96r., 98l., 130, 131
Norbert Kustos, Malsch: 95 l., 101, 110/111, 113, Schutzumschlag hinten rechts
© c/o Landhaus Ettenbühl: 37r., 53l., 54l., 59l., 71, 75l., 89r., 91l.,
Marion Nickig, Essen: 39, 78, 79l., 80l., 80r.
© Noack Rosen: 36, 40r., 41l., 41r., 42, 44l., 45l., 48, 49r., 51r., 61r., 62r., 64r., 69l., 70r., 88r.
Peter Palm, Berlin: 114, 116, 117, 120, 121, 126, 127, Schutzumschlag hinten links
RDB-Verlag (Inge Burkhardt), Hiltenfingen: 66r., 72l., 97r.
Benjamin Redeleit, Bienenbüttel: 128
© Rosen Tantau: 38r., 76l., 93r.

Sowie aus:
Penelope Hobhouse: Illustrierte Geschichte der Gartenpflanzen, Bern 1999: 7, 8
Pierre-Joseph Redouté: The Roses, Köln 1999: 12, 15, 16, 17, 18, 19, 20, 21, 22r., 23, 24, 26, 27, 28l., Schutzumschlag hinten Mitte
The Graham Stuart Thomas Rose Book, London 1994: 22l.

Bibliografische Information der Deutschen Bibliothek
Die Deutsche Bibliothek verzeichnet diese Publikation in der Deutschen Nationalbibliografie; detaillierte bibliografische Daten sind im Internet über http://dnb.ddb.de abrufbar.

ISBN 978-3-8319-0280-4

Text und Bildlegenden:
Anke Kuhbier, Hamburg
Lektorat und Bildredaktion:
Claudia Schneider, Hamburg
Gestaltung:
Büro Brückner + Partner, Bremen
Lithografie:
Griebel-Repro, Hamburg
Gesamtherstellung:
Offizin Andersen Nexö GmbH, Leipzig